はじめに

「結婚していても、していなくても、子どもがいても、いなくても、誰でもみんな最後はひとり」という「おひとりさま」という言葉が広く認識されるようになりました。

この言葉が世間に広まったことで、果たして多くの人が安心して老後を送れるような準備が整ったのでしょうか。

答えはノーです。

私は片づけの現場で、家がモノであふれ、当たり前の暮らしができない最悪な状態の高齢者の方の部屋をたくさん見てきました。「悪いことが複雑にからみ合ってスパイラルでやってくる」。そんな感じでした。

このような現場の片づけの依頼は、自分自身の部屋をきれいにしたいという前向きな気持ちからのものではなく、認知症がきっかけで高齢者住宅に引っ越すなど、どうしても片づけが必要なとき、あるいは離れて暮らすお子さんが、実家の汚部屋ぶりをどうにかしたいときなど、本人以外からなされます。

本人は、「片づけたくない、そのままで構わない」そう思っていることが多いのです。

どうしてこんな状況になってしまったのだろう。そして、このようになる原因は何だったのだろう。もっと早く手を打つことはできなかったのだろうか。そんな思いがあふれ、胸が苦しくなり、目頭が熱くなることもありました。

空き家、少子高齢化、婚姻数の減少など、さまざまな問題がからまって混沌《こんとん》とした状況はむしろ以前より深刻になっています。

あなたは、あなた自身が「おひとりさま」になることをイメージできますか。現在、ご夫婦で、あるいはお子さんと一緒に暮らしている方は想像するのは難しいかもしれません。けれども、もし「おひとりさま」になったと考えてみると、家族のためにしていた片づけも掃除も洗濯も、自分ひとりならそんなに頑張らなくてもいいかな……と思う方もいるのではないでしょうか。

あんなにきれい好きだった母親が、こんな汚い部屋にいるなんて信じられない、というお子さんからの声をよく耳にします。母親にとってはこれまで家族のためにしていた家事は、自分がやらなきゃいけない、必要とされていた「仕事」だったのです。

けれども、自分のためにする家事は、誰にも認められず、してもしなくても変わらないもので、同じ家事でもまったく意味合いが変わってしまいます。

私の母も、父が亡くなってからほとんど家事をしなくなり、徐々に認知症になっていきました。


高齢者になってもその自覚がないというデータもあり、自分自身、身体的に元気であれば、高齢期の準備をしなければいけないとわかっていても、取りかかれないのが現状です。では、多くの高齢者がおひとりさまになる今、最悪な状況にならないためにどうすればいいのでしょう。


まずは、意識を変えていきましょう。

「おひとりさま」という新しい人生のステージが始まるのです。これから先、自分のことは自分で決めていくことになります。ですから、事前に、新しいステージには、新しい情報が必要なのです。

本書は、「おひとりさま」の老後のために、知らなかったことであわてないように、不安にならないように、そして、自分がしたいことを自分で決めることができるように、人生の最後を素晴らしい時間にするための道しるべとして、皆さんのお役に立てればと思い書きました。

本書が「いつも何かしなければと漠然とした不安を抱えたまま過ごす」のではなく、「準備は整った、もう大丈夫」と、残りの人生を安心して過ごすための、おひとりさま必携の書・バイブル的な存在になれば幸いです。

目次

第2章 これからの人生を楽しむための片づけ

第3章　おひとりさまの片づけ「やるべきこと」「やらなくていいこと」　57

第1章

おひとりさまの片づけのタイミング

「女性：約75歳」「男性：約72歳」

この年齢は、何をあらわしているかわかりますか？　正解は、そう「健康寿命」です。健康寿命とは、「健康上の問題で日常生活が制限されることなく生活できる期間」のこと。私は今年65歳ですから、もう残り10年しかありません。

歳を重ねるごとに1年が早く感じるとよく言われますが、55歳から65歳までの10年があっという間だったように、これからの10年も、きっと瞬く間に過ぎていくでしょう。

歳をとるとどうしても体力や気力が衰え、片づけが面倒になっていくものです。そうなる前の60歳前後の時期に、これからの人生を楽しむための片づけをスタートしませんか。

60歳前後は、子どもの自立や自分や配偶者の職場からの退職、親の介護、両親や配偶者との死別などによって、否応なしに生活スタイルが大きく変わる年代です。

だからこそ立ち止まり「これからどんな暮らしがしたいか」を自分自身で考えて判断し、自分自身で身の回りの整理を始めて欲しいのです。

私は、女性だけの片づけの会社を立ち上げ、引っ越しやリフォームに伴う片づけや荷づくりの手伝いをする中で、片づけによってより豊かな毎日を実現した方をたくさん見てきました。

これまでに「実家の片づけ」や「空き家の片づけ」などをテーマにした本も出版してきましたが、本書で片づけるのは誰かの家ではありません。「あなた」自身の家です。

あなたがこれからの20年、30年を幸せに暮らすための片づけを、ぜひ一緒に始めていきましょう。

誰もが最後はおひとりさま

「おひとりさま」と聞いて、皆さんはどんなイメージを持ちますか？

「独身の人」を思い浮かべる人が多いのではないでしょうか。

「私は結婚しているから、『おひとりさま』ではない」と思われるかもしれませんが、離婚したり、配偶者が亡くなったりすることで、おひとりさまになる可能性は十分にあります。特に平均寿命が長い女性のほうが、最後はひとりになることが多いでしょう。

内閣府の「令和4年版 高齢社会白書」によると、65歳以上の一人暮らしの者は男女ともに増加傾向で、65歳以上の男女の人口に占める割合は、昭和55年では男性4・3%、女性11・2%だったのが、令和2年では男性15%、女性22・1%と増加しており、その先も増加傾向にあります。

私が代表理事を務める「日本ホームステージング協会」が、2022年4月に行った「高齢者（65歳〜）の親がいる子ども世代に対して、実家の片づけに関する実態調査」によると、高齢者の親を持つ子どもの約56・3%が、親と会うのは「年に数回程度」と回答。「まったく会わない」と答えた人も12・7%いました。子どもが親をたずねるのは、おそらく盆と正月などの長期休暇のときのみでしょう。

親との連絡回数は「月に数回程度」が35・5%で一番多かったものの、「年に数回程度」は33・6%とほぼ同数、「まったく連絡を取らない」は4・5%でした。

子世帯が離れた場所で生活を築き、仕事をしている中で、高齢になったからといって子どもを頼りにすることは難しいでしょう。たぶん、あなた自身も子どもに迷惑はかけられないと思っているかと思います。

「おひとりさま」になったときに不安にならないよう、むしろ、おひとりさまライフ

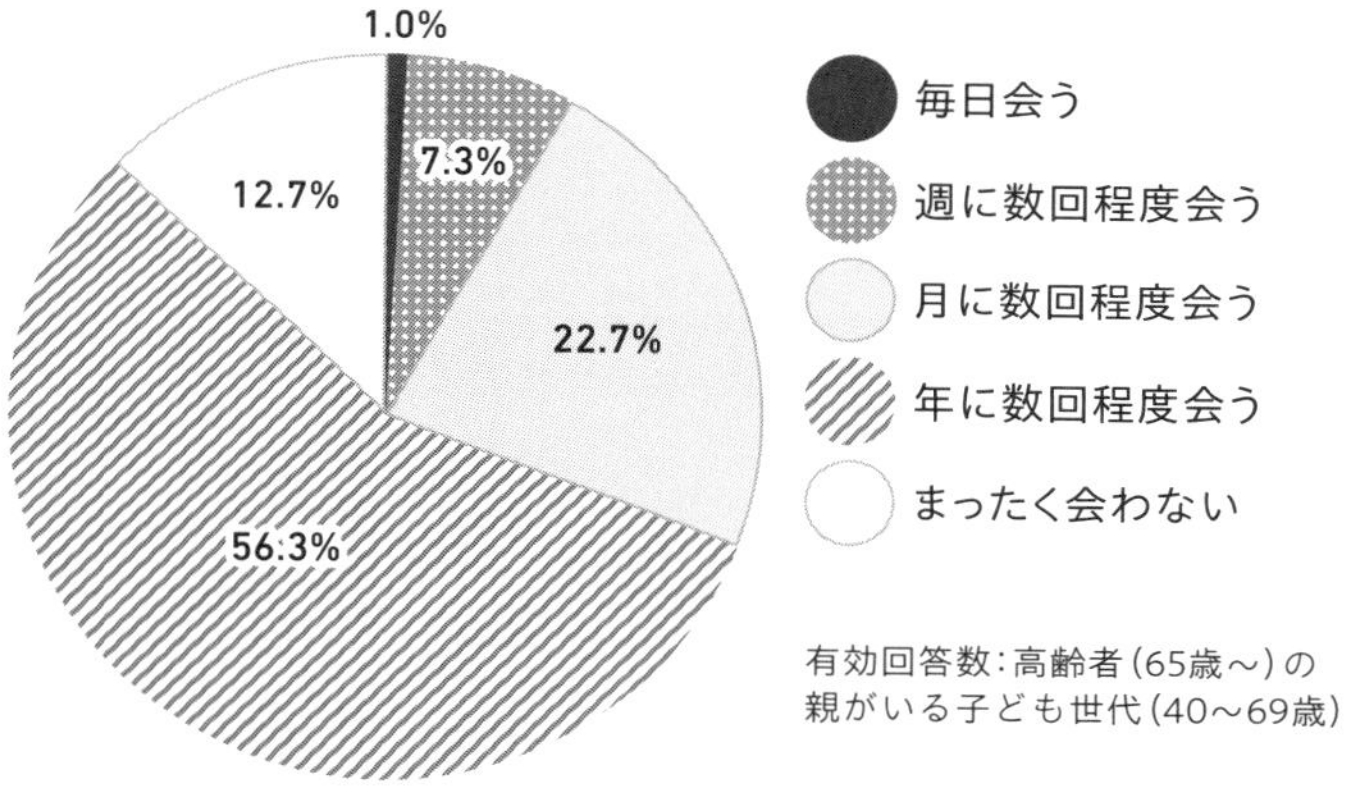

有効回答数：高齢者（65歳～）の
親がいる子ども世代（40～69歳）

図1. 高齢者の親を持つ子ども世代が親と会う回数
（出典：一般社団法人 日本ホームステージング協会「実家の片付けに関する実態調査」〈n=110〉）

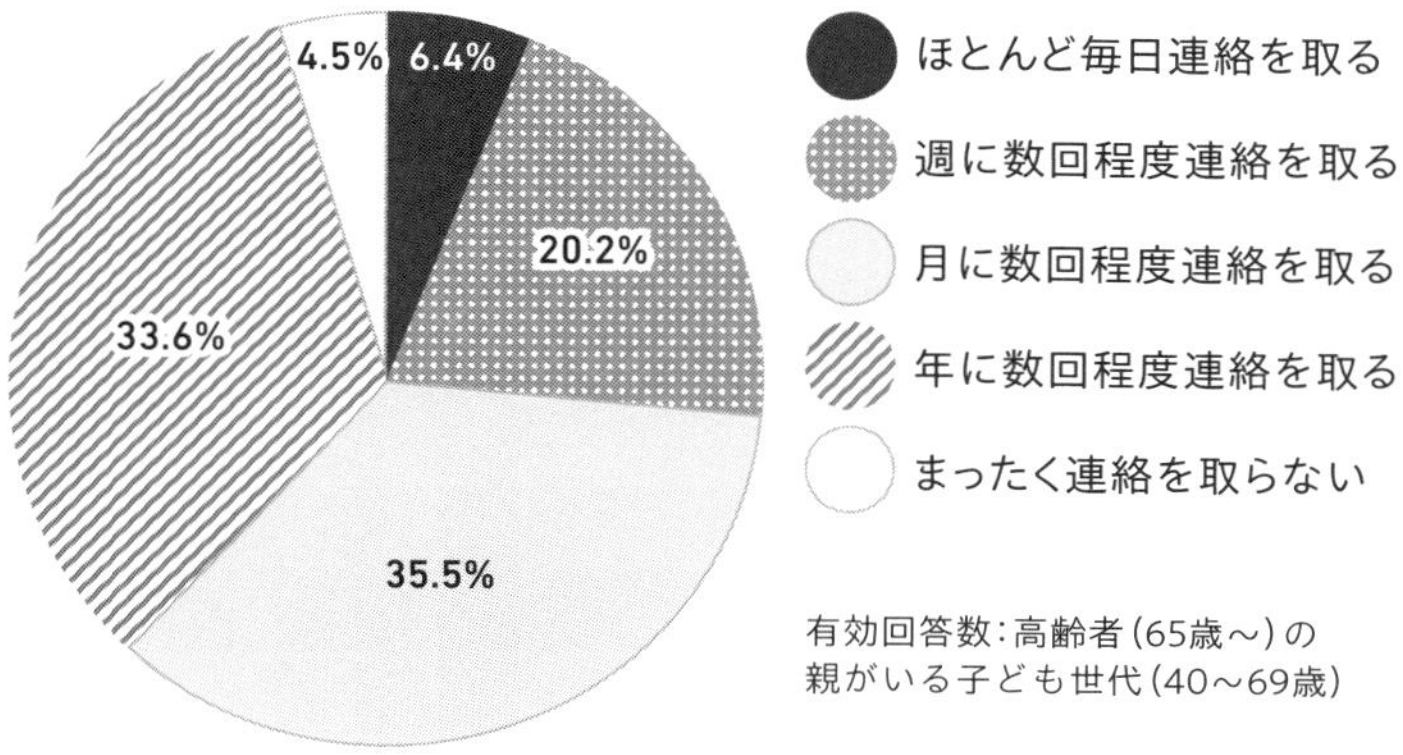

有効回答数：高齢者（65歳～）の
親がいる子ども世代（40～69歳）

図2. 高齢者の親を持つ子ども世代が親に連絡する回数
（出典：一般社団法人 日本ホームステージング協会「実家の片付けに関する実態調査」〈n=110〉）

を積極的に楽しめるように、片づけとともにライフスタイルの見直しを始めましょう。

50代、60代は片づけに最適なタイミング

本書を手にしてくださった読者の方の中で、特に50代、60代の方はこれまでにさまざまな人生の節目を経験してきたと思います。

モノの量の変化とともに、これまでのあなたの人生を振り返ってみると、最初の大きな変化は親と離れて学校生活を初めて経験する小学校入学。これまでとは違う、もう一つ別の世界が始まることで、荷物も一気に増えていきます。

そして、中学校、高校入学で友人関係だけでなく、アルバイトを始めるなど、家族の知らない世界が一気に増えていきます。ファッションやお化粧にも興味が出てくる年頃です。私服や化粧品なども自分の部屋に増えていくでしょう。

最初にライフスタイルが変わるのは、大学への進学や就職で、初めて親元を離れ、一

人暮らしを始めたときでしょう。広くはない一人暮らしの部屋に、これまで使ってきたモノから取捨選択して、必要なモノを持っていくはずです。

そして、人生最大の変化は結婚でしょう。夫婦二人分の荷物が一つの家の中に収まることになります。新たな暮らしを始める最初の日は、モノが一番少ない日と言えます。さらに子どもが増え、自分自身も年齢を経ていくうちにモノは増えていきます。

ライフスタイルやライフステージの変化のタイミングで、そのときの暮らしにちょうどいいモノを選択し、不要なモノを片づけ、整理をしていれば問題はなかったでしょう。

けれどもそんな風には、なかなかできないものです。だからこそ、50代、60代のライフステージが変わるときが片づけを行う大きなチャンスなのです。

50代、60代からライフスタイルの変化のタイミングには、

●子どもが大学入学や就職、結婚などによって独立する

●自分や配偶者が退職する
●親と同居する
●配偶者と離別や死別する

などがあります。子どもの独立や親との同居のように、同居家族の人数が増減するタイミングでは、快適に暮らすための荷物の整理や片づけが必要となります。退職してこれまで着ていた服を着なくなるなど、不要なモノも生じるでしょう。親の介護が必要になれば、リフォームすることもあるでしょう。

総務省の「平成30年（2018年）住宅・土地統計調査（総務省）」によると、年代ごとの総戸数に占めるリフォームを行なった戸数の割合は、25〜34歳、35〜44歳では14％前後なのに対し、45〜54歳は約20％、55〜64歳では約30％がリフォームを行っており、44歳以下の世代に比べて、高くなっています。

もちろん、50代、60代では、若い頃に購入した住宅が傷んできたこともあると思われますが、「ライフスタイルの変化」も大きなきっかけになっていると考えられます。

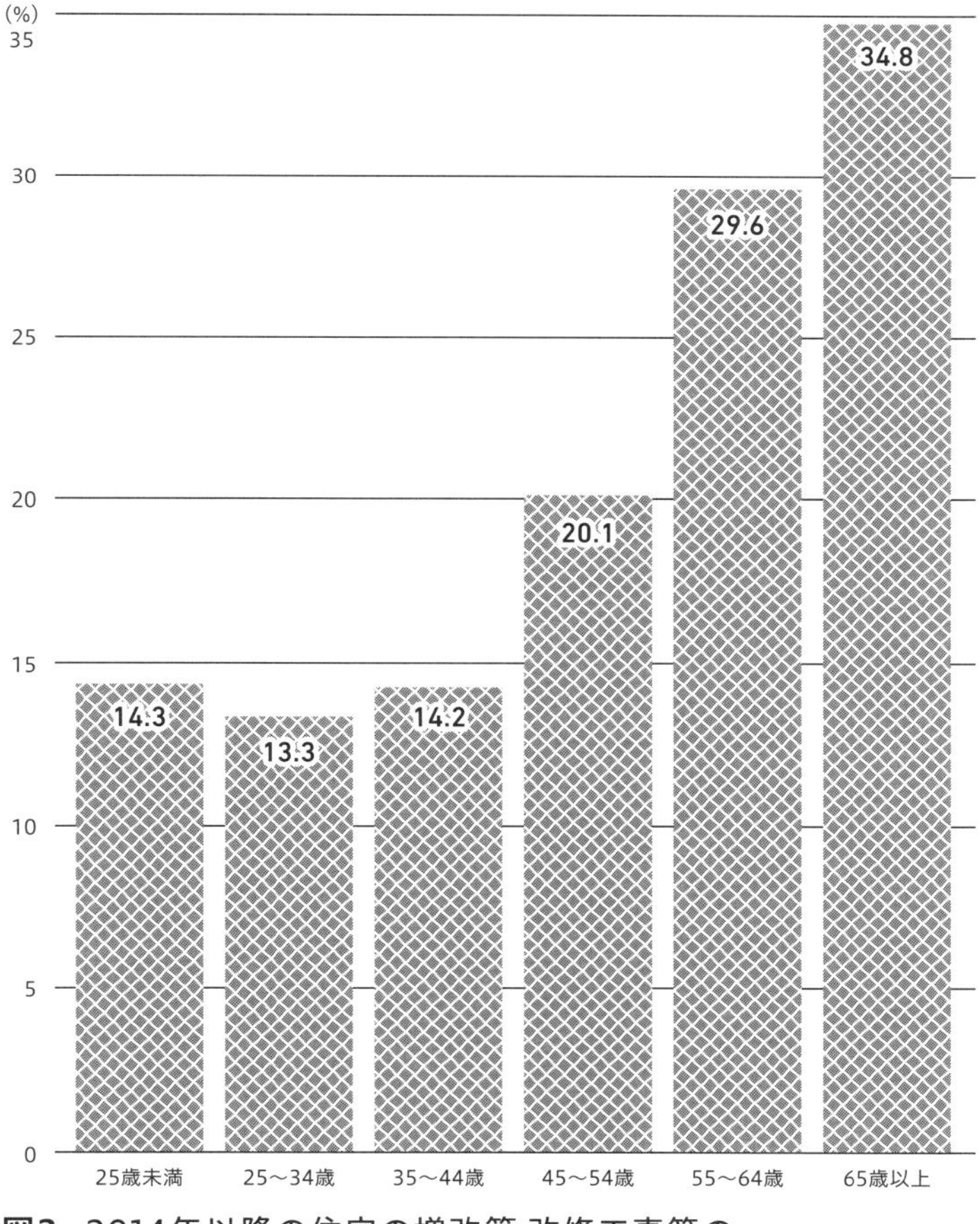

図3. 2014年以降の住宅の増改築･改修工事等の年齢階級別の実施割合

※年齢は「家計を主に支える者」
(出典:平成30年〈2018年〉住宅･土地統計調査〈総務省〉)

60代がなぜ最後のチャンスなのか？

今の60代の方は、昔の同じ年代の方と比べると心身ともに若く、仕事をバリバリと続けているのはもちろん、旅行や趣味を楽しんだり、ジョギングやゴルフ、ジムなどで運動をしたりと、ポジティブに過ごすアクティブシニアと言われる方がたくさんいます。

楽天リサーチが２０１７年に、孫がいる60歳以上の男女６００人に調査した結果によると、「自分を高齢者だと思わない」人が65・２％を占めたそうです。私も年齢的には高齢者の一人ですが、自分のことを高齢者だとは思っていません。

このように、「自分のことをまだまだ若い」と思っている60代ですが、年齢を重ねていくごとに、体力や気力が衰えていくのはどうしても避けられません。

たとえば、筋肉量は、20歳を過ぎたあたりから少しずつ減っていき、70代では20代と比べて3〜4割程度減少するのが一般的です。また、女性は、閉経後のホルモンの変動により骨密度が低下して、骨折しやすくなると言われています。

気力も若い頃のようには長続きしません。26ページの図は、内閣府が「身体が虚弱化したときに住みたい住宅」について調査したものですが、60〜64歳では現在の住まいを「改修して住みやすくしたい」と答えた方が36・1%いるのに対して、80歳以上になると14・9%と半減しています。

逆に、「改修せずそのまま住み続けたい」という方が60〜64歳の18・6%から、80歳以上では38・4%と2倍以上に増えています。

この調査から見てとれるのは、高齢になればなるほど、「変化を嫌うようになる」ことです。歳をとると新しいことにチャレンジするのが面倒になり、「現状のままでいい」と思う傾向があることが考えられます。

たとえば80歳を過ぎて介護用ベッドを部屋に入れるために片づけが必要な場合、「もう片づける体力も気力も残っていないので、ベッドは入れないでこのままでいい」となるかもしれません。

そうならないためにも、これから行う片づけは、ある程度未来の自分を想像しながらする必要があります。60代は片づけを行う体力も気力も残っている、最後のチャンスと言ってもいいでしょう。

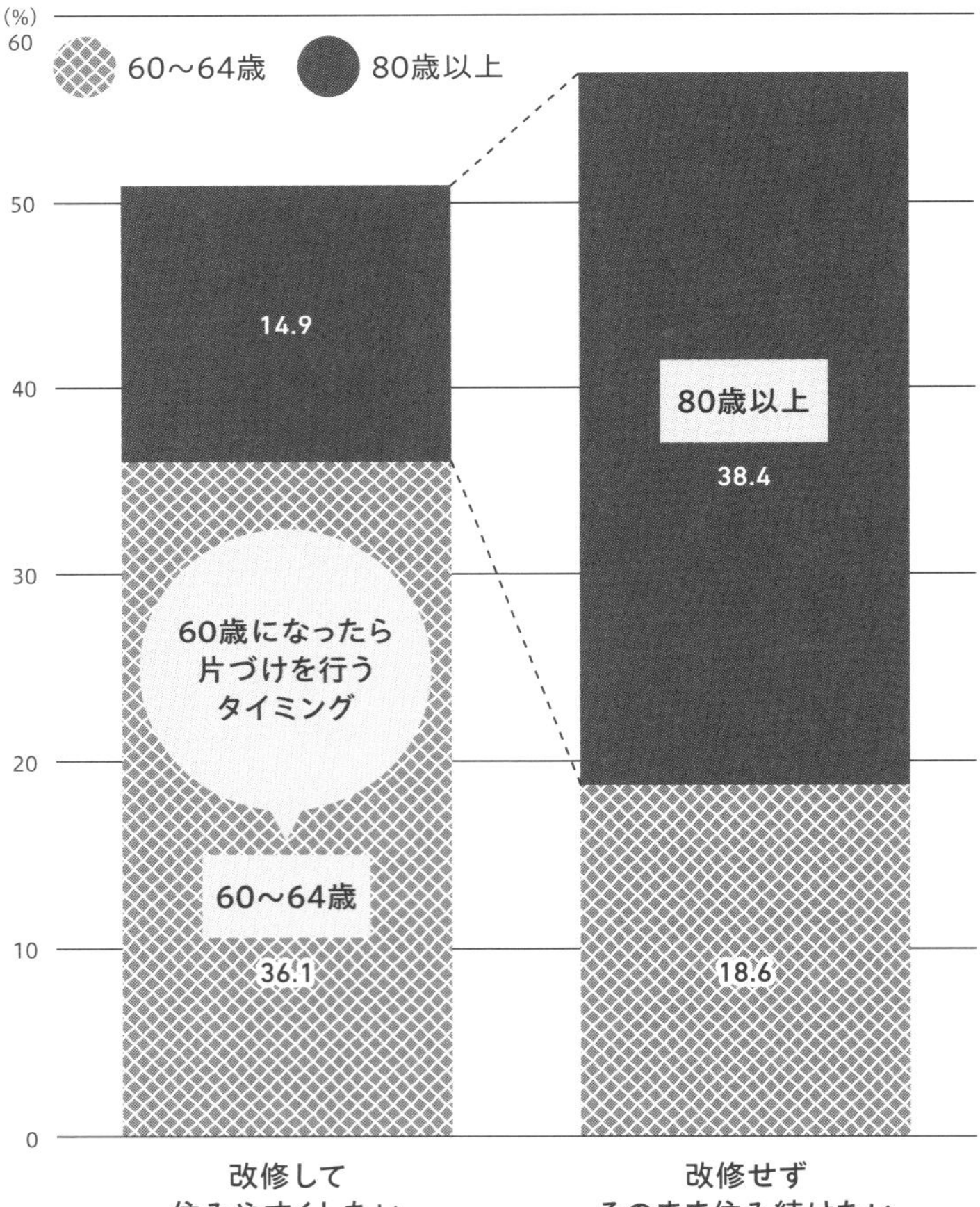

図4. 身体が虚弱化したときに住みたい住宅

(出典：平成30年度〈2018年度〉高齢者の住宅と生活環境に関する調査結果〈内閣府〉)

ゴミが出せなくなると、あっという間に床は見えなくなる

ある息子さんから依頼を受けて、実家の遺品整理を行ったときのことです。

息子さんは、些細《ささい》なことで親とけんかをし、何年も実家に帰らなかったそうですが、両親が亡くなって実家を訪れました。2階では生活していなかったようで物置になっており、台所はモノで埋め尽くされ、ゴキブリが大量発生してネズミの死骸《しがい》も見つかりました。息子さんは深いため息とともに「もっと早くなんとかしてあげればよかった」と、後悔の言葉を口にしていたのが深く印象に残っています。

次ページの写真は別のお宅ですが、床が見えない家の一例です。「私の家は、そんなにモノがあふれていないから大丈夫」と思われるかもしれません。けれども、家の外にゴミが出せなくなると、あっという間に床は見えなくなります。ゴミは知らぬ間に増えていきます。歳を重ねて足腰が弱くなったり、ゴミの分別が複雑で、捨て方がわからなくなったり、ゴミ出しの時間に間に合わなかったり、ゴミを出すことが面倒になったりしてくると、床に積み重ねられていきます。そうならないためにも、60代に片づけを行うことが大切なのです。

ゴミで埋め尽くされた家は、玄関が閉まらなくなっていた。

台所はモノで埋め尽くされ、すき間を腹ばいで進むしかなかった。

私が出会ったおひとりさまたち

ここで私がうかがったおひとりさまの片づけのケースを、3例紹介したいと思います。

一人目は70代の女性です。息子さんからの依頼で戸建ての実家から賃貸のアパートに引っ越しをするので、必要なモノを梱包《こんぽう》して移設して欲しいとのことでした。
賃貸アパートは1DKで収納も少なく、戸建ての家財を取捨選択するのには、時間がかかるだろうと覚悟していました。

その家は以前小売店をしており、店を閉めてから何年もたっていたのですが1階の広いスペースには段ボールが散乱していました。

居住している2階に上がると、高齢の女性が一人座っていました。髪は乱れ、服は何日も同じものを着ているようでまったく覇気がなく、何か問題を抱えているような雰囲気です。

1年以上前にご主人が亡くなったことを受け入れられないことが原因のようで、骨《こつ》壺《つぼ》もまだ仏壇に置いてありました。

新居に持っていきたいモノを聞くと、段ボール数箱分の身の回りの品でした。荷ほどきのため新居に行くと、家具も電灯も設置されておらず、ここから新しい暮らしが始まるのかと思うと、あまりにも寂しいと感じざるを得ない空間でした。

暮らしにはその方の生き方がそのままあらわれます。自分自身の人生と自分らしい暮らしを楽しんで欲しいと祈らずにはいられない現場でした。

二人目は60代の女性です。依頼主は遠方に住むお兄さんでした。女性は出先で事故にあい、そのまま帰らぬ人となりました。その後その部屋を売りに出すための片づけでした。

中に入ってハッとしました。明らかにさっきまで人が生活していて、ただ人がいないだけ、という何とも不思議な空間が残っていました。

テーブルの上には新聞紙が広がり、冷蔵庫の中には食べ残しがラップをしてしまってあり、脱いだ寝巻きがベッドに無造作に置かれていました。ほんのちょっと出かけてすぐ戻ってくるつもりだったのでしょう。

この方はリタイア後、自由で楽しい生活を送られていたようで、趣味の部屋などもありました。


本書を手にしている皆さん、ふと目を上げてあなたの部屋に今、まったく知らない他人が入ってあなたの荷物を片づけていることを想像してみてください。

「誰が入ってきても大丈夫」。そう言える人は少ないのではないでしょうか。

さらに押入れや引き出し全部を開けられることを想像してみてください。見られたくないモノは多いものです。

この方の住まいからは日記や家計簿なども出てきました。

業者が個人情報にかかわらないことは、業務の常識となっています。そのため、大事なモノ、残しておきたいモノなどの判断をしていただくために日記や家計簿などを依頼主にお渡ししました。

依頼主が日記や家計簿を読むか読まないかはわかりませんが、誰も読まないだろうと思って書いた内容を誰かが読む可能性があるのです。

他人に見られたくないと思っているモノは、ご自分で処理しない限り、最後は誰かの目に触れることになる。皆さんにはこのことを意識していただければと思います。

三人目は70代の男性です。今まで多くのおひとりさまの片づけに携わった我々ですが、あとにも先にも初めてのケースでした。その方は病気がちで、先のことを考えて生前整理をしていました。

奥さまの死後、しばらくおひとりさまだったようで、依頼主は30代の姪御さんでした。男性とは生前ほとんど付き合いはなかったようですが、唯一の身内ということで、さまざまな手続きをされているようでした。

男性は、最後は第三者が片づけに入ることを見越して、衣類や食器は最低限のもの、重要書類はすべてわかるようにメモなどが貼られており、思い出の品なのか、亡くなった奥さまの着物や衣類が数点残されていました。こんなすっきりとした部屋の完璧なおひとりさまの片づけを見たのは初めてでした。

ただ、その方はどういう気持ちでこの片づけをしたのだろう、自分の死を考えながら片づけをされたのだろうかと思うと、寂しく何とも言えない気持ちになりました。

生前整理でも、終活でもありません

本書のタイトルは、「おひとりさま最後の片づけ」です。こう聞くと、「これは〝生前整理〟の本でしょう」と思われるかもしれません。もしくは、「〝終活〟のことだよね」と感じられたかもしれません。

けれども、これから行う片づけは、生前整理でも終活でもありません。

「生前整理」とは、生きているうちに自分の死後を想定して、身の回りのモノや財産を整理しておくことです。

「終活」とは、自分の死と向き合い、人生の最後を迎える準備をすることです。

「エンディングノート」というものもありますが、これは、終末期と死に備えて自分の情報や希望を書き留めておくノートです。

つまり、これらはすべて死を意識して行うものです。

自分を高齢者と思わない、まだまだ心身ともに元気な50代、60代の方にお伝えしたい片づけは、自分の最後を意識した片づけではありません。

人生100年時代を生きる、「今とこれからを豊かに過ごすためのポジティブな片づけ」なのです。その片づけをする中で相続のことなどを決めることもあるでしょう。けれども、目的はあくまでもポジティブな片づけなのです。

先にあげた70代の男性のような、見事な終活は理想ですが、皆さんがこれから行う片づけは「残りの人生を楽しむための片づけ」と位置づけて欲しいのです。

片づけは、きっと健康寿命も延ばしてくれる

人生の節目に立ち会うことが多くなる60代の方が、今とこれからの暮らしを見つめ直して片づけを行うことには、大きく3つのメリットがあります。

メリット① 家に人を招きたくなる

子どもたちが成長して独立したり、自分が退職したりすると、どうしても人づき合いの機会は減り、誰かを家に招くことも少なくなります。

最近では、社会に参加して人とつながることが、認知症予防の重要な要素として注目されていますが、心身ともにいきいきと健康であるためには、孤立しないことが大

切です。その点、住まいが片づくと、家に人を招きたくなる人もいるでしょう。そして、人がよく訪れる家に住んでいると、たとえば、玄関に花を飾ったり、まめに掃除をしたり、インテリアに興味を持ったりします。

片づけによって人を招きやすくなることで、人が訪れる→きれいな状態を保とうとする→また人がやってくるという、好循環が生まれるのです。

家が片づいていないと、「そんな家を見られるのが恥ずかしい」と人を入れるのをためらうようになります。

家族や友人だけでなく、電気や水道などの業者の人にも見られるのが恥ずかしいからと、エアコンが故障しても業者を呼ばず、そのまま我慢し続けてしまう方もいるのです。このような状態に陥らないためにも、60代のうちに、自宅が一番居心地のいい場所になるように片づけに取りかかりましょう。

メリット②新しいことを始めたくなる

家が片づくと、インテリアをおしゃれにしたり、その空間の中で絵を描いたり、楽器を演奏したり、自然と何か新しいことに挑戦したいという意欲がわいてきます。子育てや仕事が落ち着いて、自分の時間が増える60代は、それまではやりたくてもできなかった「趣味」を始めるのにも最適なタイミングです。

趣味を持つことの利点は、趣味を通じて新たな仲間が増えること。社会とつながり人と交流することは、いつまでも若々しくあるために、とても大切なことです。

メリット③ 家の中で転んでケガをする危険性が減る

先ほど、床がモノで埋め尽くされた部屋の写真を紹介しましたが、体力や気力の衰えによって片づけられなくなり、床にモノが置かれるようになると、つまずいて転倒する危険性が高くなります。第2章で詳しく説明しますが、高齢者が転んで救急搬送されたケースで「転んだ場所」を調べると、6割近くを「自宅内」が占めているのです。家の中で転んでケガをしないためにも、片づけは重要です。

50代、60代で片づけを行うと、認知症やケガの予防になります。この章の最初に、私たちの健康寿命は、女性は約75歳、男性は約72歳と述べましたが、私はこの健康寿命を延ばすことにも、片づけは役立つはずだと信じています。

第2章
これからの人生を楽しむための片づけ

第1章では、60代で、なぜ片づけに取りかからなければいけないのか、片づけることで、どんなメリットがあるのかについてお話ししました。

「さあ、片づけるぞ！　まずは何から捨てよう」と、意気揚々と取りかかろうとされる方もいるかもしれません。

その前にこれから行う「人生を楽しむための片づけ」と「今までの片づけ本で説明されていた片づけ」の違いを知ってもらいたいと思います。

皆さんは「プレシニア」「アクティブシニア」という言葉を聞いたことがあるでしょうか。

この言葉は国土交通省の資料（「高齢期の健康で快適な暮らしのための住まいの改修ガイドライン（平成31〈２０１９〉年3月28日公表）」）の中で用いられた言葉で、プレシニア（50〜64歳）、アクティブシニア（65〜74歳）と記載されています。

今50歳の方が「プレシニア」の枠に入るなんて！　とショックを受けるかもしれません。また24ページでも示したように、お孫さんのいる60歳以上の実に65％以上が「高齢者ではない」と思っており、「人生を楽しむための片づけ」、つまり老後を楽しむための片づけと言ってもピンとこないと思います。
けれども、これからの片づけは高齢期に入る前に意識することと、準備することがとても重要なのです。

住まいは人が生きていくための基盤です。幸せになるための条件です。日々買い物に行き、食事をつくり、掃除をする。

普通の日常生活を送ることのできる暮らしの中で、夢や希望は生まれてきます。それは、住まいが快適な状態であるからこそできることなのです。

高齢期の住まいは安心・安全で快適な部屋であることがベースになります。そうでないと、家の中でケガをして入院したり、ゴミ屋敷化して最終的に空き家になったりという最悪のケースにつながるのです。

だからこそ「プレシニア」の段階での快適な暮らしを意識した片づけが「シニア」世代の、豊かで自分らしい暮らしにつながるのです。

重要なのは、何も置かない殺風景な部屋にすることではありません。

シニア世代を見据えつつ、本当にやりたかったことが今こそできる、ポジティブな部屋にしていきましょう。
まずは「人生を楽しむための片づけ」のポイントを6つにまとめてみました。

ポイント① 片づけなくていい場所を把握する

突然ですが、おひとりさまになったときにあなたは「これからどんな部屋で、どのように過ごしたい」と思いますか？

自分好みの部屋を想像するとワクワクして、自然とニヤニヤしてしまいますよね。もちろん、その部屋の中に、使っていないモノやあなたが好きではないモノは決して存在していないはずです。

あなたの部屋の中で、気になっている場所はありませんか？　誰にでも片づけたいモノや片づけたい場所があるものです。

思い浮かんだモノや場所があれば、まずはそこから片づけましょう。きっとそれは、自分の理想の部屋にするために必要な作業なのだと思います。

もし、どこから片づければいいかわからない場合、最初に片づけるのは、いつも使っている場所です。使っていない場所を、わざわざ片づける必要はありません。

また、天袋は数年間まったく使わなかったモノが入っていることが多いです。つまり、これまで開けなくてもまったく不自由を感じなかったわけです。

このような場所は、片づけなくていい場所と言えます。せっかくモノが収まっているのに、天袋からわざわざすべて引っ張り出して、整理し直す必要はないのです。

理想の部屋にするためには、すべての場所を整理する必要はありません。


おひとりさまの片づけは、重点的に片づけるべき場所や、わかりやすく整理するべきモノがあり、そこを抑えて片づければいいのです。それらについては第3章で詳述します。

ポイント②何よりも「安心・安全」が大切

おひとりさまの片づけのそもそもの目的は何でしょうか？　それは、シニア世代に向けて「ずっと元気で楽しく暮らせる部屋にすること」です。

そのためには、安心して暮らせる、安全な部屋にすることが大切です。

「安心・安全な部屋」と聞くと、「うちは危険な部屋なんかないから大丈夫！」と思われるかもしれません。けれども、次ページの東京消防庁のデータを見てもらうとわかるように、実は、多くの高齢者が自宅内で転んで救急搬送されているのです。

「ころぶ（転倒）」「落ちる」「おぼれる」「やけど」など、日常生活の事故の理由を調べると、高齢者では「ころぶ（転倒）」が約8割を占め、発生場所は「居住場所」、つまり自宅内59・4％と6割近くに及んでいます。私が「おひとりさまの片づけでは、何よりも安心・安全が大事です」と口を酸っぱくしてお話しする理由は、こうしたデータが根拠になっています。

高齢になると、体力や筋力の低下により敷居などのほんの小さな段差でもつまずいて転んでしまいます。このほか、コタツのコードやコタツ布団、階段など、家の中には実は危険なものがいくつもあるのです。

しかも、高齢者の「ころぶ」事故で怖いのは、大腿骨骨折《だいたいこつこっせつ》など大きなケガにつながりやすく、入院しなければならなくなることです。

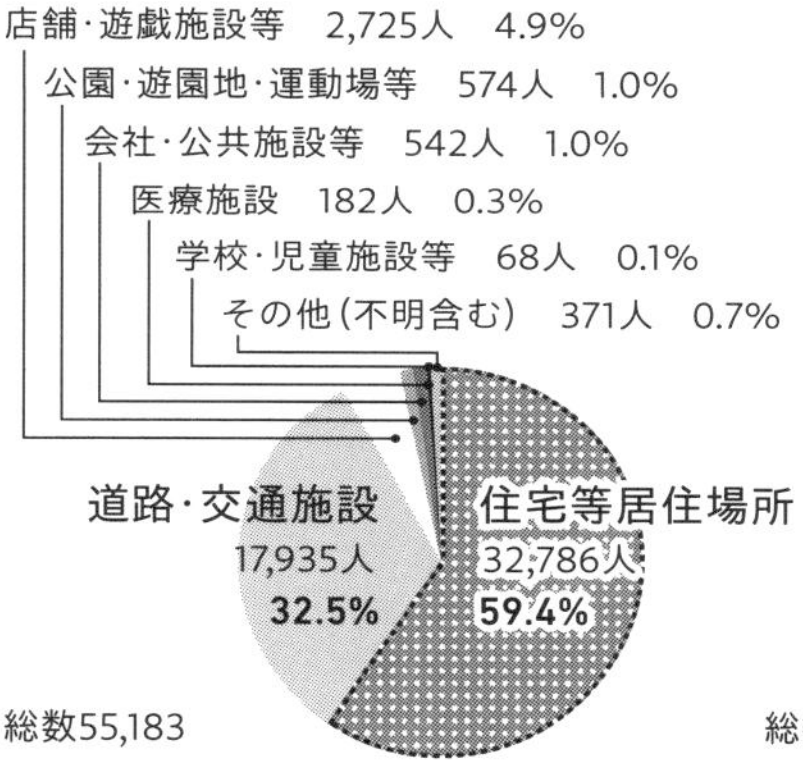

図5. 高齢者の「ころぶ」事故の発生場所

（出典：令和2年〈2020年〉救急搬送データから見る日常生活事故の実態〈東京消防庁〉）

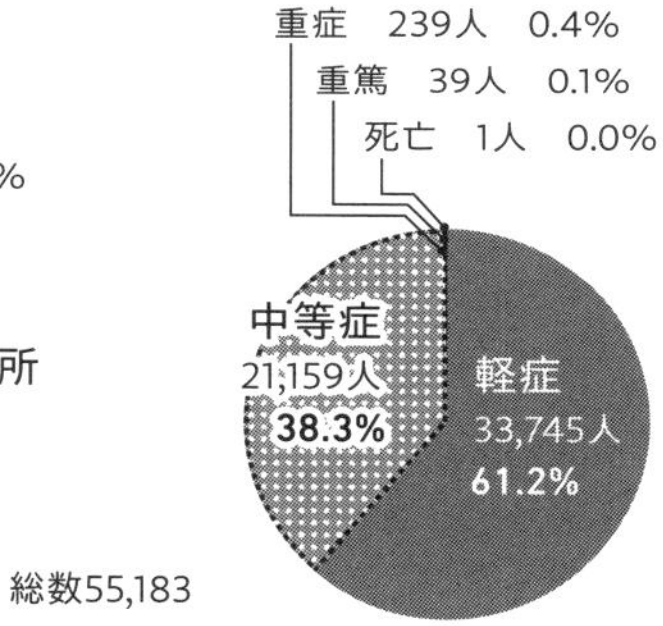

図6. 高齢者の「ころぶ」事故の程度別救急搬送人員

（出典：令和2年〈2020年〉救急搬送データから見る日常生活事故の実態〈東京消防庁〉）

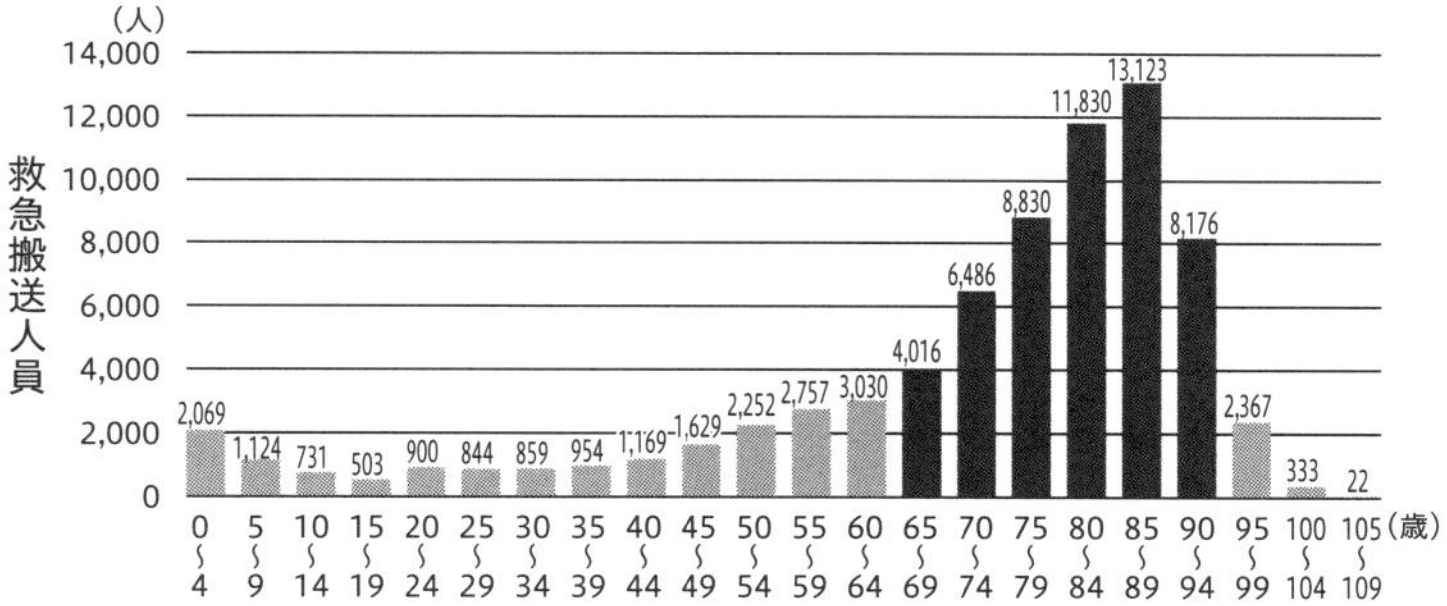

図7. 「ころぶ」事故の年齢層別の救急搬送人員

（出典：令和2年〈2020年〉救急搬送データから見る日常生活事故の実態〈東京消防庁〉）
（n=74,004）

２０２０年のデータでは、救急搬送された高齢者の38・3％と4割近くが、入院の必要がある「中等症以上」と診断されています。

歳をとるとケガの治りも遅くなります。入院生活が長く続くと、心身の機能が一気に衰えるため、「ころぶ」事故がきっかけで車イス生活になったり、寝たきりになったりしかねません。

そうならないためにも、「安心・安全」を第一に部屋を点検することはとても重要です。

ポイント③ 完璧を目指さない

おひとりさまの片づけを始めるにあたり、ぜひ知っておいて欲しいことがあります。この時期の片づけは、若い頃の片づけとは大きく違うことです。

それは、すべての場所を整理して、完璧な片づけをする必要はなく、今、「使っている場所」と「使いたい場所」を優先して片づければいいのです。

すぐに始めなければと焦りがちですが、まずは優先順位を決めて、片づけることがポイントです。

おひとりさまの片づけに、新しい収納のノウハウなどは不要です。これまで長い間こなしてきたあなた流のやり方でいいのです。「きれい」かどうかではなく、「あなたが使いやすい」かどうかで整理すればいいのです。

本書を読んでいる今、あなたは片づけをしようと前向きな気持ちになっているはずです。

けれども、モノと向き合うには、時間がかかり、途中で面倒になるかもしれません。だからこそ大事なことは、すべての部屋を完璧に片づけることではなく、自分のために自分の好きな場所を片づけることだと知って欲しいのです。

面倒だと思う方はできる場所からでかまいません。この段階でいやになり、片づけを投げ出してしまうことのほうが問題です。

おひとりさまの片づけは、使っているモノをざっくり残すだけ、収納するだけと大《おお》雑把《ざっぱ》でかまいません。

使っていないモノは処分や移動をして物量を減らします。

たとえば、カトラリーは種類やサイズなどをきっちり分けて収納しなくても、大まかに分けられていればＯＫ。

衣類もあなたのたたみ方で引き出しに収納します。それでは片づかない……と思うかもしれませんが、実は、使っているモノはそれほど多くはありません。量をしっかり減らせば、収納術など気にしなくても、何がどこにあるかわかるように収納できます。

片づけをスムーズに進め、途中で投げ出さないためには、「完璧を目指さないこと」が大切です。

ポイント④「いる」「いらない」をわかりやすく分ける

おひとりさまの片づけで意識して欲しいのは、次の3つです。

（1）転んでケガをしないよう、床に置いてあるモノを取り除く

（2）必要なモノがどこにあるかわかり、すぐに取り出せるようにする
（3）思い出の品を整理して、すぐに見られるようにする

1 「いる」モノについて

（1）の「転んでケガをしないよう、床に置いてあるモノを取り除く」ですが、敷居、絨毯《じゅうたん》など段差でつまずく、玄関のマットで滑る、浴室で滑る、階段・脚立からの転落、布団やコードに足がからんで転倒するなど、実は、自宅の中には危険がたくさんあります。

それだけではありません。日常生活をする上で住まいの中を動く線をつないだものを生活動線と言いますが、特に頻繁に移動するリビングやキッチン、トイレなどの生活動線上にモノが置いてあると、転倒の可能性が高くなります。

おひとりさまの片づけは床面をできるだけ広くすることで、動線をスムーズにすることが重要です。使用しているモノや大事なモノ、これら「いる」モノは動線上から移動させます。

（2）の「必要なモノがどこにあるかわかり、すぐに取り出せるようにする」ですが、ここで言う「いる」モノは主に2種類あります。

一つは、「日常生活に必要なモノ」で、キッチン用品や生活雑貨、衣類など、生活の中でよく使うモノです。

もう一つは「重要なモノ」で、通帳や印鑑、契約書類、保険証書、年金手帳、マイナンバーカードなどです。こうしたモノを必要なときにすぐに取り出せるようにしておきます。これらについては、第3章で詳述します。

（3）の「思い出の品を整理して、すぐに見られるようにする」ですが、「思い出の品」とは、「自分にとって大切なモノ」のことです。

これまでの人生の中でさまざまな思い出のモノ、大切なモノがあるはずです。

ちなみに、私は息子が幼稚園に入園するときにパッチワークで作ったレッスンバッグを思い出のモノとして箱に入れています。

ボロボロだし息子はもういらないと言っていましたが、これは私にとっての大切な思い出のモノ、頑張って子育てをしていたときのことを思い出し幸せな気分になるモノなのです。その箱を開ければいつでも見ることができます。

あなたは大事な写真をどのように整理していますか？　アルバムに整理していますか？　お菓子の箱などにそのまま保管している方も多いと思います。スマートフォンに保存している人も多いでしょう。

大事な写真のはずですが、整理していないと取り出して見ることも少ないでしょう。厳選してポケットアルバムに入れたり、写真をフォトフレームに入れて飾ったりして、お気に入りの写真を手元に置いていつでも見ることができるようにするのもいいでしょう。

2　「いらない」モノ――最終的に処分してもいいモノについて

現在使っている場所と使いたい場所を優先して片づけると、最終的に処分していいモノも明確になってきます。

もう何年も使っていないモノ、見ていないモノ、着ていない服などは最終的に処分するモノになります。

最終的に処分していいモノとは、どういうモノなのか？

最近、一人暮らしのお母さまが高齢者住宅に入居した息子さんの話しを紹介します。

高齢者住宅には、一般的に生活用品以外はあまり持っていくことはできません。

特に、入居に伴い自宅を売却したり賃貸に出したりする場合には、大半のモノを処分することになります。

今回お話を聞いた息子さんは、お母さまの入居までに時間がなく、「思い出の品など残したいモノを、ちゃんと母に聞いてあげられなかった」と大変後悔されていました。

最終的な片づけを行うタイミングは、このお母さまのように、高齢者住宅などに引っ越すときか、あなたが亡くなるときにやってきます。

そのときの片づけは、お子さんや親族が行うことが多く、「重要なモノ」と「思い出の品」以外は処分するのが一般的です。

その際に、今回の息子さんのように後悔したり、「本当に自分が捨てていいのだろうか」と悩んだりされる方がとても多いのです。

「最終的に処分していいモノ」をわかりやすく分けておくことは、とても大切なことなのです。

ポイント⑤最後は業者に任せればいい

おひとりさまの暮らしでは、それまで使ってきた大きな鍋やたくさんの食器などはもう使わないでしょう。自分自身で少しずつ一般廃棄物として処分したり、リサイクルに出したりするのもいいでしょう。

しかし、最終的に処分していいモノがあまりにも多く、片づける時間が長くかかり、一人では辛いのであれば、一緒に片づけをしてくれる業者に依頼することも選択肢の一つだと思います。

できるだけ早く目的を達成するために、業者に手伝ってもらうことは、決して悪いことだとは思いません。業者に頼むことで、時間を買っているとも言えます。

「時間＝命」だからです。

健康寿命は、女性は約75歳、男性は約72歳と話しましたが、あなたにはあと何年残っていますか？

この大事な時間を幸せな時間として過ごすには、この片づけ自体も楽しいことであって欲しいと思っています。

業者に依頼すると費用がかかりますが、相続人がいない遺産は２０２１年度は約６４７億円となり、10年前の倍近くになっているそうです。このお金はすべて国庫に入ってしまいます。

お金は、自分のために使って欲しいと思います。住まいは幸せになる基盤です。住まいが変われば暮らしが変わり、希望や意欲がわいてきます。

「時間＝命」と認識し、今とこれからの人生を楽しむために、何にお金を使うか改めて考えてみましょう。

ポイント⑥ 暮らしに潤いや楽しみを

「転んでケガをしない、安心・安全な部屋」「必要なモノがすぐに取り出せる、快適な空間」が実現でき、「思い出の品がいつでも見られる」ように整理できたら、今とこれからの人生を楽しむために、暮らしに「潤い」や「楽しみ」を取り入れていきましょう。

送りたい暮らし、自分らしい暮らしのイメージは人それぞれ違うはずです。

ファミリータイプのダイニングセットは、もういらないかもしれません。おひとりさまにぴったりの小さめのテーブルにして、ちょっと贅沢《ぜいたく》なリクライニングソファが欲しいと思う人もいるかもしれません。

お友達とおしゃべりしたい、得意なフラワーアレンジメントを教えたい、と思うなら大きなテーブルは残しておいたほうがいいですよね。やりたいことに合わせて、家具の種類や大きさも変化するのです。

インテリアを整えていく中で、ぜひ取り入れて欲しいのは、間接照明です。特に、温かみのあるオレンジ色（電球色）の間接照明をリビングや寝室に置くと、ゆったりとした気分を演出することができます。安らぎの空間で自分の好きなことに夢中になる幸せな時間を過ごしてください。

また、毎日気に入った食器で食事をしていますか？　気にならない方は今のままでもいいでしょう。

けれども、食器もおいしさの一部です。大好きな器にのせれば、出来合いの料理でもおいしく感じ、食欲をそそるものです。

たくさんの食器はいりません。お気に入りの食器だけ、食器棚の使いやすい場所に収納しましょう。

老後2000万円問題などが騒がれ、節約しなければと思う気持ちもよくわかります。先行き不安な世の中で、自分にお金を使うことをためらうこともわかります。

けれどもお金は生きている間にしか使えません。生きた使い方をすれば、決して無駄遣いではありません。

自分らしいお金の使い方で豊かな暮らしを送って欲しいです。

おひとりさまの片づけでは、これまでの人生の棚卸しをして、「これからどんな暮らしをしていきたいか」「自分はどんなものが好きなのか」を見つめ直すことが大切です。

column 1

写真に撮って気づく、室内の危険ポイント

おひとりさまの片づけでは、転んでケガをしない「安心・安全」な部屋にすることが大事だと話しました。とはいえ、実際いつも見慣れている家に危険な場所があるのに気づくのは難しいものです。

そこで、客観視できるように、自宅の各部屋の写真を撮ることをおすすめします。

滑るところはないか、段差で転ばないか、上からモノが落ちてこないか、床にモノが置いてないか、足がからまったり引っかかったりしないかなど、写真に撮って、危険な場所はないかという目で見てみると、いつもは見えていないことが見えてきます。気がついた時点で、すぐに片づけましょう。

玄関

階段

寝室

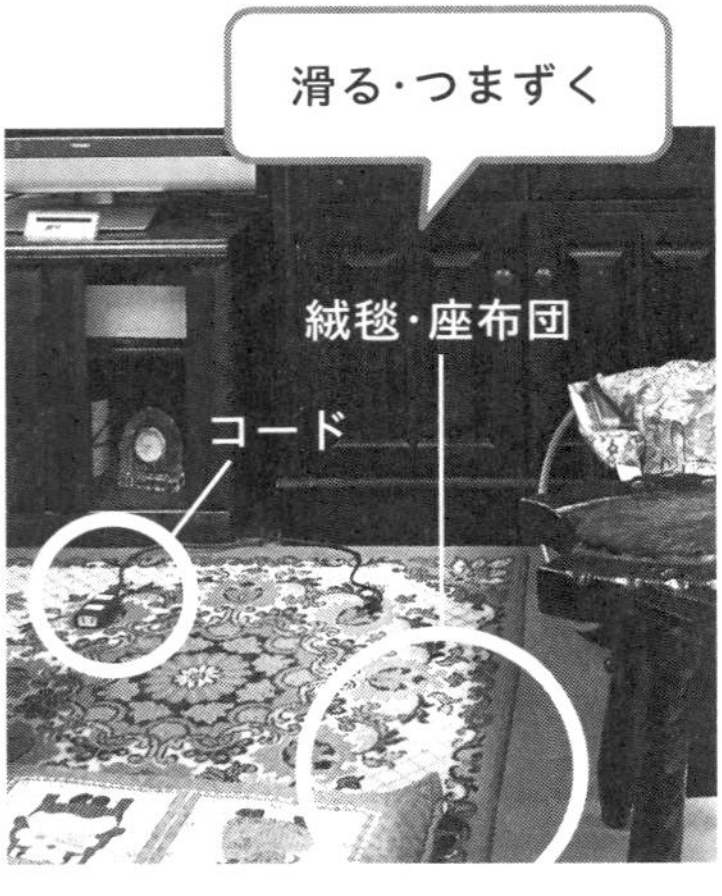

リビング

第3章
おひとりさまの片づけ
「やるべきこと」「やらなくていいこと」

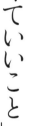

第3章からは、おひとりさまの片づけ方を具体的に紹介していきます。

一般的に「片づけ」と言うと、「家財（モノ）」の片づけを想像するかもしれませんが、おひとりさまの片づけで最初に取りかかるべきは、「お金に関する整理」です。その次に「家財（モノ）」を片づけ、最後に「情報の整理」となります。

おひとりさまの片づけの流れ

（1）お金に関する整理
（2）家財（モノ）の片づけ
（3）情報の整理

それぞれ、どんなことを、どんな手順で行うのか、まずは「大まかな内容」と「目的」を紹介しましょう。

●「（1）お金に関する整理」から行う理由

「お金に関する整理」とは、具体的には、銀行口座やクレジットカード、有価証券、保険、年金、不動産、自動引き落としされている契約などに関する整理のことです。

気になっていても、忙しくて複数の銀行口座を整理する時間がなかったという方も多いと思います。

「暗証番号を忘れてしまった」

「使っていない口座がそのままになっている」

そのようなことはありませんか？

こうした状況のまま、もし第1章で紹介した60代の女性のように突然事故で亡くなってしまったら、お子さんや親族に、大きな負担をかけてしまいます。

「お金の整理」のもっとも大きな目的は、あなた自身が「今」と「これからの暮らし」を安心して楽しむために必要な、現状資産の確認をすることです。

どの口座にいくら入っているのか、資産が全体でどれくらいあるのかなど、現状が把握できていないと、これからの暮らしを安心して楽しむことはできません。

現状を把握して、今後のことを考えるためにも、まずはお金に関する整理がとても重要です。

●「(2)家財（モノ）の片づけ」の目的とは

「家財（モノ）の片づけ」の目的も、「お金に関する整理」と変わりません。

今の部屋には、洋服やバッグ、キッチン用品、生活雑貨、家具など、これまでの人生をともに歩んできたものがあふれていませんか。それらの中から本当に使うモノだけを選び、これからの生活を新たに築いていきましょう。

おひとりさまの「家財（モノ）の片づけ」は、とてもシンプルです。自分が使うモノだけに量を減らすことです。

主役はあなた自身ですから、まずはあなたが「使っている」か「使っていないか」を基準に、モノを整理していきます。

●「(3)情報の整理」のポイントは3つ

「情報の整理」には、大きく3種類あります。

①パソコンやスマートフォンなどデジタル機器そのものの整理

②パソコンやスマートフォンの中や、インターネット上に保存されている情報、利用しているSNSやウェブサービスなどの整理

③日記や手帳、手紙などの他人に見られたくない紙のモノや写真などの整理

これらの「情報の整理」をする目的は、パソコンやスマートフォンからの個人情報などの漏洩防止や、使用していないウェブサービスなどをスムーズに解約することです。

「情報の整理」をすることで、必要な情報だけを残すことができます。

第3章で説明する内容は、変更される可能性もあります。必ず該当機関に確認の上、進めてください。掲載内容についての質問は編集部では対応できません。該当の機関に直接確認してください。

「お金に関する整理」でやるべき11のこと

1　銀行口座の整理

長く使っていない銀行口座や、暗証番号がわからない口座はありませんか。

２００９年１月１日以降、10年以上お金の取引がない預金などは「休眠預金等」となり、民間公益活動に活用されることになりました（10年以上たったら自動的に活用されるわけではありません）。

口座残高が１万円以上あれば、金融機関から通知状が送付されますが、１万円未満では送付されません。また、引っ越しなどの際に住所変更をしていない場合、通知状が届かないこともあります。

銀行によっては、一定期間口座の利用がないと、「未利用口座管理手数料」がかかるところも増えてきています。少額しか入っていない口座や、あまり使っていない口座は解約して、使っている口座に集約しましょう。一般的な解約の仕方は次のとおりです。

●一般の口座の解約方法

本人が金融機関の窓口で手続きをするのが一般的ですが、郵送やインターネット、アプリで手続きできる場合もあります。

●手続きに必要なもの

・通帳　・キャッシュカード　・届出印
・本人確認書類（運転免許証、各種健康保険証など）
※金融機関によって、必要なものが異なる場合があります。また、最近は銀行窓口を利用するには、「来店予約」が必要なところが増えています。事前に確認しましょう。

●ネット銀行口座の解約方法

ネット銀行の普通預金口座は、インターネットで解約手続きできるのが一般的です。ただし、定期預金や外貨預金、カードローンなどのサービスを利用している場合は、普通預金口座解約の前に、利用サービスの解約が必要な場合があります。
※手続きの際は、必ず金融機関の情報を確認してください。

口座の整理ができたら、一覧表を作成しておきましょう。

表には「金融機関名」「支店名・番号」「預貯金の種類」「口座番号」「名義人」「インターネットバンキングのＩＤ・パスワード（パスワードはすべて記入せず、自分がわかるメモ程度）」「用途」を書いておくと、将来的に相続する人がスムーズに手続きを行えます。

※一覧表の保管には十分注意してください。

2　クレジットカードの整理

用途によってクレジットカードを使い分けている方もいるかもしれませんが、保有枚数が増えると、支払日や金額が把握しにくくなったり、年会費がかさんだり、紛失のリスクが増したりします。

あまり使っていないクレジットカードは解約して、1〜3枚に減らすといいでしょう。特典や年会費、契約内容などを確認し、使いやすいものだけに絞り込みましょう。

●クレジットカードの解約方法

カード会社のサイトやカードの裏面に記載されているコールセンターに電話し、解約するのが一般的です。

解約する前に、携帯電話や公共料金、インターネットサービスなどの継続決済先の変更を済ませておきましょう。また、カード利用分の支払いがすべて完了しているか、ＥＴＣカードや家族カードの利用ができなくなっても大丈夫かなども確認しておきましょう。

クレジットカードを絞り込んだら、一覧表を作成しておきましょう。

表には「カード会社名」「ウェブ用ＩＤ・パスワード（パスワードはすべて記入せず、自分がわかるメモ程度）」「紛失時連絡先」「決済日」「決済銀行」をまとめておきましょう。

※一覧表の保管は十分に注意してください。

3　電子マネーの整理

最近は、カードにチャージして利用するものや、ＱＲコード決済をするものなど、複数の電子マネーを利用している人も多いのではないでしょうか。使用する電子マネーが増えすぎると管理が大変になり、結局使わないことにもなります。

あまり使っていない電子マネーは、チャージされている残高を使い切った上で、解約手続きをしましょう。

アプリを削除しただけでは解約にならないこともあるで、アプリ内で解約手続きをしてから、アプリを削除しましょう。

解約してしまうと、残高や利用明細、登録情報などは復元できませんので、解約前に問題がないか、確認してから手続きをしてください。これらの情報のメモを残しておくのもおすすめです。

電子マネーの整理ができたら、「電子マネー名」「チャージに利用しているクレジットカードや口座」「チャージの有無」などを一覧にしておきましょう。

4　有価証券の整理

最近では、ネット証券会社を活用して、株式や投資信託など有価証券の取引をする人が増えています。

ネット証券は、パソコンやスマートフォンですべての取引ができ、紙の書類がないこともあるため、あなたが亡くなった場合、相続する人は、ネット証券の存在に気づかないこともあります。

そこで、利用している証券口座の情報を書き出しておきましょう。具体的には、「証券会社名」「口座番号」「名義人」「ウェブ用ＩＤ・パスワード（パスワードはすべて記入せず、自分がわかるメモ程度）」「担当者名（店舗のある証券会社の場合）」「配当日」などです。
※一覧表の保管は十分に注意してください。

5　保険の整理

医療保険や自動車保険、火災保険、地震保険、生命保険など、加入している保険は非常時にスムーズに請求できるよう一覧表にしておきましょう。

一覧表には、「保険会社名」「商品名」「種類」「契約者名」「被保険者名」「保険金受取人」「証券番号」「保険料」「担当者名」「連絡先」などを記入しておきましょう。

また、保険証券などの保険書類は、保険ごとにクリアブックのポケットに分けて整理しておくとわかりやすくなります。

6　年金の確認

国民年金と厚生年金の加入者に、毎年誕生月に届く「ねんきん定期便」の封筒やハガキを、すべて保管していませんか？　新しいお知らせが来たら、古いものは必要ありません。個人情報が記載されているので、古いハガキはシュレッダーにかけるなどして処分しましょう。

また、「ねんきんネット」（https://www.nenkin.go.jp/n_net/）に登録すると、パソコンやスマートフォンで、自身の年金情報（最新の年金記録や将来の年金見込額など）や、電子版「ねんきん定期便」（ＰＤＦファイル）などを確認することができます。

電子版「ねんきん定期便」はダウンロードも可能です。「ねんきんネット」では、ハガキ版の「ねんきん定期便」の郵送停止の手続きもできます。

配偶者のいる方は、配偶者の「基礎年金番号」がわかる書類（年金手帳やねんきん定期便など）の保管場所を把握しておきましょう。

7　不動産の必要書類の整理

多くの人にとって、一番大きな財産である不動産。所有している不動産と、その必要書類を整理して、わかる場所に保管しておきましょう。

不動産を売却するときに必要となる主な書類は、「登記済権利証」または「登記識別情報通知」、購入した際の「売買契約書」や「領収書」、「固定資産評価証明書」など建物や土地に関する書類、マンションであれば管理に関する書類などです（これらの書類は変更の可能性もあるため、ご自身で必ずご確認ください）。

売却する際には、売却で発生した利益に対して、譲渡所得税が発生します。税額は、「売却した金額」から「取得時の金額」を引いて出た「利益」に税率を掛けて計算します。

このとき取得価格を証明する書類（売買契約書や領収書）がないと、取得価格は「売却した金額の5％」とされ、譲渡所得税が何百万円と高くなってしまうこともあります。必要書類は整理して、保管場所を明確にしておきましょう。

8　自動車の必要書類の整理

自動車を売却するときに必要となる書類は、「自動車検査証（車検証）」「自賠責保険証明書」「自動車リサイクル券」「自動車納税証明書」などです。

車検証や自賠責保険証などは車内のグローブボックスに保管しているケースが多いと思いますが、これらの書類がどこにあるか確認しておきましょう。

中でも、「自動車納税証明書」は、銀行やコンビニエンスストアで納税したあと、保管場所がわからない方も多いかもしれません。見つからない場合には、再発行も可能です。

9 自動引き落とし（口座振替）の整理

電気・ガス・水道などの公共料金や保険料、カルチャースクールやスポーツジムの月額利用料、ケーブルテレビや動画配信サイト、英会話などの習い事、クレジットカードの利用料など、定期的に支払いが発生するものについて、自動引き落とし（口座振替）を利用している方も多いのではないでしょうか。

銀行口座がたくさんあり、引き落とし先がバラバラだと、どの口座で何を引き落としているのかわからなくなります。引き落とし口座をできるだけ一つにまとめましょう。

また、まったく利用していないサービスの料金が引き落とされ続けていないかも確認し、ある場合にはサービス自体を解約しましょう。

特に年会費は、引き落とされる頻度が年1回と少ないため忘れがちです。通帳やネットバンキングの情報を見返し、使用していない場合は解約しましょう。

整理ができたら、自動引き落としになっているものを一覧表にしておきましょう。表には、「項目（引き落とし内容）」「金融機関名」「口座番号」「支払いに使用しているクレジットカード名」「金額」「引き落とし日」を明記しておきましょう。

10 貸借金の整理

借入がある場合は一覧表にしてまとめておきましょう。表にする項目は、「借入先」「借入日」「借入額」「返済方法」「担保の有無」「現時点の借入残高」「連絡先」です。また、貸付についても、「貸付先」「貸付日」「貸付金額」「証書の有無」「現時点の貸付残高」「連絡先」をまとめておきましょう。

11 そのほかの資産の整理

トランクルームや貸金庫に保管している資産も、どこに何があるかわかるように「保管場所」「保管品」を一覧表にしておきましょう。

ここまで「お金に関する整理」について紹介してきましたが、おひとりさまの場合、預貯金や有価証券、不動産などを整理することは、自分だけでなく、最終的に相続する人のためにも大事なことです。最後にこの財産を誰に託すのかを考えて明確にしておくとよいでしょう。その場合、信頼できる専門家に相談しましょう。

「お金に関する整理」をすることで、何となくもやもやしていた不安が解消していくのではないでしょうか。

「家財(モノ)の片づけ」のスタートはどんな暮らしがしたいかを思い描くこと

「お金に関する整理」が済んだら、いよいよ「家財（モノ）の片づけ」です。

第2章で、「いつも使っている場所」から片づけをスタートすることをおすすめしていました。

しかし、高齢期のおひとりさまの片づけでは、具体的なモノの片づけの前に自分がどんな暮らしをしたいか、片づいた部屋で何がしたいかをイメージすることから始めましょう。

すでに一人暮らしの方であれば、家具の買い直しなどは必要ないかもしれませんが、家族生活を送ってきた方は大きな家具を処分しておひとりさまのサイズに買い直したいと思うかもしれません。その場合、高級な家具ではなく、あなたの生活に合った家具にする必要があります。

あなたは、どんな暮らしを楽しみたいですか？　リビングでオットマン付きのリクライニングソファに腰掛けてゆっくり本が読みたい（これは私の希望です）、今はもう使っていない子ども部屋を「趣味の空間」にして絵を描いたり、ピアノを弾いたり、手芸を楽しんだりと、これまでできなかったことを満喫したい、リビングに大好きな絵を飾り友人とおしゃべりを楽しみたい。

そんなあなたがしたい暮らし、住みたい部屋を実現するための片づけをしましょう。

おひとりさまの片づけは、片づけることが目的ではありません。大事なことなので何度も言いますが、「あなたがこれからの暮らしを楽しむこと」が、何よりも大切な目的なのです。

「使っている」「使っていない」を〝モノサシ〟に

第2章で、おひとりさまの片づけは、「必要なモノがどこにあるかわかり、すぐに取り出せるようにする」ことが大切だとお話ししました。

「お金に関する整理」をしたことで、通帳や印鑑、書類などの「重要なモノ」が明確になり、必要なときにはすぐに取り出せる状態になりました。次は「生活に必要なモノ」を整理します。

必要なモノの〝モノサシ〟は、あなたが「使っているか」「使っていないか」。それをもとに、必要なモノを選び出してモノの量を減らしていきます。

たとえば、食器棚の食器の中でどれを使っているでしょうか？　日常的に使っている食器はある程度決まっているはずです。その使っている食器と、ときどき使う食器と、来客用のコーヒーカップなどを残します。

洋服も、普段着ている、着やすく大好きなモノだけを残します。なお、冠婚葬祭用の礼服は残します。

それ以外はどうするのか？　たとえば思い出のモノなど、なかなか捨てられないモノは、無理に処分する必要はありません。

「使っていないけれど捨てられないモノ」は段ボール箱にまとめて、納戸や押入れなどじゃまにならない場所に保管しておきましょう。こうすることで、身の回りは「必要なモノだけ」になり、とても暮らしやすくなります。

あらゆる片づけに使える「3つのステップ」

おひとりさまの片づけの方程式とも言える「3つのステップ」を紹介しましょう。

ステップ① 分ける

片づけの最初のステップは、多くの人が「捨てる」ことだと思いがちですが、そうではありません。「モノを分ける」ことです。分けるときの〝モノサシ〟は、先ほど紹介したように「使っているか」「使っていないか」です。

①使っている

②使っていない（→捨てる）

③使っていないけれど捨てられない（→じゃまにならない場所で保管）

このように3つに分類してみると、「案外、使っているモノは少ないんだな」と感じるのではないでしょうか。片づけの第一歩は、この「使っている」「使っていない」モノが混在している状態を、「分けて」クリアにすることです。

ステップ② 減らす

「モノを分ける」ことができれば、あとは自動的にモノを減らせます。「使っていない」に分けたモノは、地域のルールに従って捨てましょう。状態が良く捨てるのがもったいないモノは、リサイクルショップやフリマアプリで販売するのもいいでしょう。古着の回収を行う自治体や企業もありますので、調べてみてください。

◆捨てられないモノは段ボール箱に入れて保管

「使っていないけれど捨てられない」モノは、段ボール箱にまとめて、納戸や押入れなどで保管しておきましょう。このときに、「梱包した日付」と「品目」を箱に明記しておくのがポイントです。

1年たって一度も使わなかったモノは、おそらくその先も使うことはありません。重要なモノが混在していないか中身を一度確認し、捨てる判断をしてもいいでしょう。

なかなか捨てられないモノでも、いったん保管して本当に使わないモノだと実感することで、気持ちの整理がつくことがあります。

それでも捨てられないモノは、そのまま段ボール箱に保管しておきましょう。なぜなら、もう一度段ボール箱から取り出して取捨選択に悩む時間がもったいないからです。

使っていないモノに時間をかけるよりも、使っているモノの収納や整理に時間を使うことで、より快適に過ごせる家に早く近づきます。

ステップ③　収納する

「分ける」→「減らす」のステップを経て、「使っている」モノだけが残ったら、あとは収納していきましょう。収納で気をつけるポイントは、次の二つです。

◆いつも使っているモノは定位置を動かさない

料理や洗濯など家事に関しては、長年の間に、その人ごとにやりやすい方法が決まっていて、なかなか変えることはできないものです。

たとえば、洗濯物の干し方、洋服のたたみ方、収納の仕方や位置なども同様に自然と決まっているものです。

ですから、いつも使っているモノは、考えなくても自然とそこから取り出すことができます。収納はなるべくこれまであった定位置にしましょう。

おひとりさまの場合、意識すべきは「モノの量を減らす」ことです。「使っていないモノ」を処分して量を減らせば、モノを取り出しやすくなり、それだけですっきりとして、格段に暮らしやすくなります。

◆高い・低い場所に、使うモノを収納しない

踏み台や脚立に乗らないと届かないような高い場所や床下などは、出し入れが大変なので、使っているモノの収納には向きません。

特に、年齢を重ねて足腰が弱っている場合、脚立に登ったり、しゃがんだりすること自体が難しくなります。

使っているモノは立った状態で無理なく手が届く取り出しやすい場所に収納しましょう。そうすることで、安心・安全な住まいになります。

◆段ボール箱に分けるのは、残された人が困らないように

「使っていないけれど捨てられない」モノを、段ボール箱に分けておくもう一つの目的は、あなたが亡くなったあとに、それを整理することになるお子さんや親族が、悩まないようにするためです。

本人が自分自身で「使っていないモノ」に分けたという事実が重要で、お子さんや親族は、「これはもう本人が判断したモノ」として、安心して段ボール箱ごと捨てられます。

遺品整理でもっとも困難なことは、これは捨ててもいいのか？　勝手に判断してしまっていいのか？　と悩むことです。すでに本人が整理してあることほど、ありがたいことはないでしょう。

「やらなくてもいいこと」とは

「家財（モノ）」を優先的に片づけたほうがいいのは、普段多くの時間を過ごすリビングやキッチン、寝室などです。

モノにつまずいて転倒することがないよう、玄関や廊下などの床に置いてあるモノは片づける必要があります。けれども、使っていないモノが入っているとわかっている「キッチンの上の棚」「天袋」「収納庫」などは、そのままにしておいてもかまいません。片づけるかどうか悩んだときは、「それは本当に、大切な時間＝命を使う価値のあることなのか」と自分に問い直してみましょう。

「片づけないままにしておくこと」を選んだ場合、あなたが亡くなったあと、お子さんや親族が業者に依頼して片づけるのが一般的です。ですから、モノを残しておく場合は、その撤去費用を用意する必要があります。

要するに、片づけるために「労力と時間」を使うのか、「お金」を使うのかということです。「片づけずに残しておくのは申し訳ない」と思われるかもしれませんが、わかるように整理した上で、その分の「お金」を残し、大切な時間＝命をもっと優先順位の高いことに使うという選択も、とても意味があることだと思います。

「情報の整理」を進めよう 他人に見られたくないデータは削除を

最後に3番目のやるべき片づけ、「情報の整理」です。

パソコンやスマートフォンの中には、連絡先をはじめ、写真や動画、メールやチャットのやり取り、仕事やプライベートの文書など、多くの重要なデータが保存されています。これらのデータの中で、あなたが亡くなったあとにお子さんや親族に見られたくないものは、徐々に削除しておきましょう。

すぐに消したくないデータは、一定期間パソコンを起動しないとデータが削除される自動削除ソフトもありますので、それを活用するのも一つの方法です。

逆に、知人の連絡先や写真など残しておきたいデータは、パソコンやスマートフォンなどとは別の場所（パスワードロック機能付きのＵＳＢメモリなど）に残しておくといいでしょう。

このように「情報の整理」をしておくことで、余計な心配事がなくなり、これからの暮らしを心置きなく満喫できるでしょう。ここからは、パソコンやスマートフォンの具体的な処分方法を紹介していきましょう。

●パソコンの処分の仕方

使っていないパソコンがある場合は、早めに処分しておきましょう。

２００１年４月に施行された「資源有効利用促進法」により、パソコンは自治体に粗大ゴミとして出すことはできなくなり、基本的にはメーカーによる回収とリサイクルが義務付けられています。

対象となるのは、デスクトップパソコン本体、ノートパソコン、ディスプレイ、ディスプレイ一体型パソコンなどです。

2003年10月以降に販売されたパソコンには、「PCリサイクルマーク」がついており、製造したメーカーが無料で回収しています。

回収依頼は、メーカーの受付窓口に申し込みます。メーカーの窓口一覧は、「一般社団法人 パソコン3R推進協会」のサイト（https://www.pc3r.jp/）に掲載されていますので、確認してください。

「PCリサイクルマーク」がない場合も、有料ですがメーカーで回収してもらえます。倒産したメーカーや自作のパソコンは、パソコン3R推進協会が回収してリサイクルしています。

また、自治体によっては連携している小型家電リサイクル法認定事業者が、宅配便による回収を行っています。個人情報のデータ消去サービス（有料）もあります。このほか、ノートパソコンなどのサイズの小さいものは、「小型家電回収ボックス」に出すこともできます。

家電量販店やパソコン回収・廃棄業者でもパソコンの処分とデータ消去を行ってお

り、中には「データ消去証明書」を発行してくれるところもあります。

なお、プリンターやスキャナー、外付けドライブなどの周辺機器は、「資源有効利用促進法」の回収の対象ではないので、それぞれの自治体の該当する方法で処分しましょう。

●スマートフォン・携帯電話の処分の仕方

レアメタルや貴金属が含まれる小型家電は、2013年4月からリサイクルが始まっています。

対象となるのは、携帯電話やスマートフォンだけでなく、デジタルカメラ、ビデオカメラ、ゲーム機、電話機、ファックス機など。自治体の施設などに専用の回収ボックスが設置されているので、そこに投函します。

スマートフォンや携帯電話には個人情報が多く含まれるため、初期化してデータを削除しておきましょう。また、大手携帯会社でも不要になったスマートフォンや携帯電話を、ブランドやメーカーを問わず無料で回収しています。

●使っていないSNSは退会を

ＳＮＳなどのウェブサービスの情報は、一定期間利用していなくても基本的には削除されず、放置されます。なりすましに使われる危険性もありますので、使っていないサービスがあれば、退会しておきましょう。

最近は、主要なＳＮＳでは、利用者が亡くなったあとにアカウントを管理するためのサービスを提供しているところが増えています。

たとえば、Facebookでは、亡くなったあとにアカウントを「追悼アカウント」として残すか、削除するかが選択できます。

「追悼アカウント」を選択しておくと、亡くなったあとも写真や投稿が残り、引き続き閲覧できますが、ほかのユーザーがアカウントにログインすることはできず、情報の安全性を確保できます。

ほかのＳＮＳについても、亡くなったあとの機能について調べ、対策をしておきましょう。

●紙の情報も整理する

ここまでデジタルの情報についてお話ししてきましたが、日記などの紙に書いた情報も、見られたくないモノは処分しておきましょう。

日記は、あなたが亡くなったあと、必ず誰かが見ると思っておいたほうがいいでしょう。

たとえば、お子さんや親族は日記を見つけたとき、何か重要なモノが挟まれていないかと、パラパラと確認します。そのとき、見ようと思っていなくても、書いてあることがパッと目に入ることがあります。

内容によっては、お子さんや親族を傷つけることにもなりかねません。日記だけでなく、手紙や手帳、家計簿など、見られたくないモノは捨てておきましょう。

とはいえ、そのまま可燃ゴミに出すのは不安です。こうした個人情報が含まれる書類は、「溶解処理」サービスを活用して処分するのがおすすめです。詳しくは、次の「処分に困るモノの片づけ方」でご確認ください。

処分に困るモノの片づけ方

先ほど、使用しないモノが入っている段ボール箱はそのままにしておく代わりに、業者に依頼するための撤去費用を残しておきましょうと話しました。けれども、中には業者に引き取ってもらえないモノや、処分しようとすると大変な労力がかかるモノがあります。それらについて紹介します。

●大型家具

タンスやベッド、ソファ、本棚、テーブル、イスなどの大型家具は、自治体による「粗大ゴミ」回収に出すのが一般的です。

多くの自治体では1辺の長さが30センチ以上の家具は、粗大ゴミとして回収しています。一辺が30センチ以上の家電（家電リサイクル法の対象品を除く）や布団、自転車なども粗大ゴミとして出すことができます（家電については、このあと詳しく紹介します）。

粗大ゴミの出し方は自治体によりますが、多くの場合はサイズや品目によって処理手数料がかかります。

まずは、粗大ゴミ受付センターに電話やインターネットで申し込みをしたあと、コンビニエンスストアやスーパーなどで手数料納付券（シール）を購入します。

そのシールを粗大ゴミの見えやすい場所に貼って、収集日に家の前やゴミ置き場などの指定の場所に出します。

自治体によっては、地域にある処分場に自分で持ち込むこともできます。3〜4月の引っ越しシーズンには、粗大ゴミ受付センターの電話が混み合ってつながりづらいことがあります。

自治体の粗大ゴミ回収は、処分費用が安価な分、デメリットもあります。それは、処分するモノを、自分で指定の場所まで運ばなければいけないことです。

運び出すのが難しい場合、高齢者や身体に不自由がある人に限り、運び出しのサポートを行っている自治体もありますので、地域の粗大ゴミ受付センターへ問い合わせてみてください。

また、状態の良い家具やブランド家具は、リサイクルショップの出張査定・買取サービスを利用するのもいいでしょう。

ただし、長年使った家具や、組み立て式の家具、使用したベッドなどは買い取ってもらえないこともあるので、事前にショップのサイトや電話などで確認しておきましょう。

●大型家電

1辺が30センチ以上の家電は、大型家具と同じように、粗大ゴミとして処分します。出し方なども、大型家具と同じです。

ただし、家電リサイクル法によってリサイクルが義務付けられている4品目（テレビ、エアコン、冷蔵庫・冷凍庫、洗濯機・衣類乾燥機）は、粗大ゴミに出すことはできません。

また、1辺が30センチ未満の小型家電は、不燃ゴミとして処分します。ただし、携帯電話やスマートフォン、デジタルカメラ、ゲーム機などは、「小型家電リサイクル法」の対象になるため、自治体が設置している回収ボックスに投函します。

●テレビ、エアコン、冷蔵庫・冷凍庫、洗濯機・衣類乾燥機

この4種類は「家電4品目」と呼ばれ、リサイクルをしなければいけません。ケースごとに依頼先が異なります。

・買い換える場合……新しい製品を購入する店に引き取りを依頼する。
・処分のみの場合……製品を購入した店に引き取りを依頼する。
・店に依頼できない場合……東京23区では「家電リサイクル受付センター」に依頼。

そのほかの自治体では、対応が異なるのでお住まいの自治体に確認しましょう。

●個人情報が記された書類

住所や電話番号、金額の明細などが記された書類は、そのままゴミに出すのは心配です。シュレッダーにかけてから処分する方法もありますが、量が多いと手間ですし、そもそもシュレッダーを持っていない方も多いのではないでしょうか。

そんなときは、書類の「溶解処理」サービスがおすすめです。大手宅配業者などが手がけており、専用の段ボール箱に書類を入れて発送すると、未開封のまま箱ごと溶かして処理されるので、情報が漏れる心配がありません。

クリップやホチキスの針、とじひも、紙ファイルを取り外す必要もなく、そのまま段ボール箱に入れて送ることができる場合が多く、溶解処理されたあとはトイレットペーパーなどにリサイクルされます。

料金は、段ボール1箱につき、2000〜3000円が一般的です。

個人で利用しやすい「溶解処理」サービスとして、日本郵便の「書類溶解サービス」がありますが、まだ東京都内の郵便局（簡易郵便局を除く）のみでの取り扱いとなっています（2023年2月現在）。

●ペーパーレス化で書類を減らそう

光熱費の検針表や請求書などのペーパーレス化が進められており、書面で受け取る場合は、手数料がかかるようになってきました。この機会に、書面での受け取りからウェブへと変更して、家の中に入ってくる書類自体を減らしていきましょう。

また、家電の取扱説明書は、メーカーのサイトで見ることができるものが多いです。そうした書類は、処分してもいいでしょう。

最近では、コンパクトで読み取りもスピーディーなスキャナーが販売されています。何度も見返さない使用頻度の低い書類や、紙で残しておく必要がない書類は、スキャナーでデータ化して保存しておくのも一つの方法です。書類をスマートフォンのカメラで撮影するだけで、簡単にデータ化して保存できるスキャンアプリもありますので、利用してみるのもいいでしょう。

●写真は片づけの終盤に整理

いろいろな思い出が詰まった写真は、なかなか捨てられないものの代表格です。そのため、写真の整理は、片づけの終盤に行いましょう。

今では、写真はデジタルカメラやスマートフォンで撮影するのが当たり前になりましたが、幼少期の写真やお子さんが小さかった頃に撮影した写真は、プリントして保管していることも多いと思います。

アルバムなどにすでに整理されている写真は、わざわざ出して、改めて整理する必要はありません。未整理の写真の中で、いつ、何を撮影したのかわからない写真や、同じようなシーンが何枚もある写真、ピントが合っていない写真などは、思い切って処分しましょう。

それ以外の写真は、無理に処分する必要はありません。中でも、お気に入りの写真は、フォトフレームに入れて飾ったり、ポケットアルバムに入れていつでも見られるようにしたりすると、毎日の暮らしが豊かになるでしょう。

まだまだある、処分に困るモノ

次にあげるモノも、処理業者に処分対象外とされたり、心理的に処分しづらかったりするモノなので、自分で処分しておきましょう。

●食用油

使い終わった食用油は、どのように処分していますか？　ご存知だと思いますが、直接シンクに流すのは禁物です。排水管の詰まりの原因になるばかりか、水質の悪化など環境汚染にもなります。食用油の正しい捨て方は、次の４つです。

①自治体の回収を利用

自治体によっては、使用済みの食用油を回収し、燃料や飼料としてリサイクルしているところがあります。まずは、お住まいの自治体に、廃油回収の有無を確認しましょう。

②市販の凝固剤を利用

市販の凝固剤などで固め、可燃ゴミとして捨てます。

③牛乳パックやポリ袋を利用

牛乳などの飲料パックやポリ袋に新聞紙や布などを詰め、冷ました油をしみ込ませます。水も一緒にしみ込ませると、自然発火を防ぐことができます。口を粘着テープなどでしっかりとめ、可燃ゴミとして捨てます。

●スプレー缶

ヘアスプレーやヘアムース、制汗スプレー、消臭剤、殺虫剤、塗料など、さまざまなスプレー缶があるものの、処分の方法がわからず、気づくとたまってしまいがちです。

スプレー缶を捨てる場合、缶に穴を開けるか開けないかは、自治体によります。お住まいの自治体に確認しましょう。

穴を開ける必要がある場合は、大きな事故が過去に何件か起こっているので、安全な開け方も自治体に確認してから行いましょう。

●殺虫剤

殺虫剤は、中身を使い切って捨てることが基本です。中身が残ってしまった殺虫剤を捨てる場合は、容器に穴を開ける前に、自治体に処分方法を確認しましょう。清掃事務所や消防署が引き取りしている地域もありますので、居住地のルールに従ってください。また、ラベルにお客様相談室の電話番号の記載があれば、そちらに相談してもいいでしょう。

●カセットボンベ

カセットボンベもスプレー缶と同じく、自治体に処分法を確認しましょう。

●ライター

使い捨てライターも、中身が残ったままゴミに出すと、収集車などでの火災事故につながります。自治体のルールに従って処分しましょう。

「一般社団法人 日本喫煙具協会」のサイトに掲載されているガスの抜き方を紹介します。

①周囲に火の気がないことを確認し、操作レバーを押し下げる。着火した場合は、すぐに吹き消す。
②輪ゴムや粘着力の強いテープで、操作レバーを押し下げたままの状態で固定する。
③「シュー」と音が聞こえていれば、ガスが抜けている。音が聞こえない場合は、炎調整レバーをプラスの方向いっぱいに動かす。
④この状態のまま、火の気のない風通しの良い屋外に、半日から1日放置する。
⑤確認のため着火操作を行い、火がつかなければガス抜きは完了です。

●灯油

使わずに余った灯油は、購入した店舗に引き取ってもらえるかどうか確認しましょう。多くの店舗で引き取りを行なっています。

ただし、購入した際のレシートが必要な場合がありますので、持ち込む際には用意しておきましょう。

ガソリンスタンドに持ち込むこともできます。店舗によって、引き取りの可否や費用が異なりますので、事前に確認しましょう。

●消火器

消火器は自治体ではなく「消火器リサイクル推進センター」が処分・リサイクルを行っています。

対象は国内で製造された消火器に限られ、エアゾール式消火具や外国製消火器は対象外です。処分の方法は、次の3つです。

①引き取りを依頼する

引き取りは全国に約5000ヵ所ある消火器の販売代理店や防災・防犯事業者が担当しています。

消火器リサイクル推進センターのサイト（https://www.ferpc.jp/）で、「リサイクル窓口検索」ができますので、近くの窓口を検索し、依頼の連絡をしましょう。

処分したい消火器に「リサイクルシール」が貼られていない場合は、窓口で事前にシールを購入し、消火器に貼り付ける必要があります。
②直接持ち込む
窓口に持ち込むこともできますが、必ず事前に問い合わせましょう。事前の連絡なく持ち込んだ場合、引き取ってもらえないことがあります。
③ゆうパックでの回収を依頼する
電話で回収を申し込むと、ゆうパックの伝票などが届き、発送できる仕組みになっています。費用や電話での連絡方法は、前述の消火器リサイクル推進センターのサイトでご確認ください。

●農薬

ガーデニングや家庭菜園などで使用した農薬が余った場合は、販売店やメーカーに処分の仕方を確認しましょう。自治体や全国農業協同組合連合会（ＪＡ全農）で回収している場合もありますので、問い合わせてみましょう。

家庭菜園で農薬を使用する場合には、期限内に使うことができる少量の商品を購入して、余らせないようにしましょう。また、余った農薬を川や水路に捨てるのは、環境や生物に悪影響を与えますので、絶対にやめましょう。

●人形・ぬいぐるみ

人形やぬいぐるみは、基本的に自治体のゴミ収集に出して処分することができます。金属を含まない場合は可燃ゴミとして、金属を含むパーツがある場合は分別して、不燃ゴミとして出します。

長年一緒に時間を過ごした人形には思い入れがあり、ゴミとして処分するのは忍びない場合には、箱に人形を入れて、「ありがとう」という感謝の気持ちとともに、清めの塩をして処分しましょう。

また、お寺や神社の「人形供養」を利用するのも一つの方法です。お寺・神社によって通年受け付けているところと、期間を限定しているところがありますので、確認しましょう。

処分しにくいモノを適切に処分することで、おひとりさまの片づけが一気に進んだはずです。

とはいえ、この章では触れられなかった、お金や不動産の管理や自宅のリフォームなど、おひとりさまが知っておくべきことはまだまだたくさんあります。それらを以降の章で説明します。

郵便はがき

料金受取人払郵便

小石川局承認

1105

差出有効期間
2024年6月27
日まで

切手をはらずに
お出しください

1 1 2-8 7 3 1

東京都文京区音羽二丁目
十二番二十一号

講談社エディトリアル 行

ご住所	□□□-□□□□		
(フリガナ) お名前		男・女	歳
ご職業	1. 会社員　2. 会社役員　3. 公務員　4. 商工自営　5. 飲食業　6. 農林漁業　7. 教職員 8. 学生　9. 自由業　10. 主婦　11. その他（　　）		

お買い上げの書店名　　市 区 町　　書店

このアンケートのお答えを、小社の広告などに使用させていただく場合がありますが、よろしいでしょうか？　いずれかに○をおつけください。

【 可　　不可　　匿名なら可 】

＊ご記入いただいた個人情報は、上記の目的以外には使用いたしません。

TY 000015-2205

愛読者カード

今後の出版企画の参考にいたしたく、ご記入のうえご投函くださいますようお願いいたします。

本のタイトルをお書きください。

a 本書をどこでお知りになりましたか。

1. 新聞広告（朝、読、毎、日経、産経、他）　2. 書店で実物を見て
3. 雑誌（雑誌名　　　　）　4. 人にすすめられて
5. 書評（媒体名　　　　）　6. Web
7. その他（　　　　）

b 本書をご購入いただいた動機をお聞かせください。

c 本書についてのご意見・ご感想をお聞かせください。

d 今後の書籍の出版で、どのような企画をお望みでしょうか。興味のあるテーマや著者についてお聞かせください。

ご協力ありがとうございました。

column 2

食品や日用品は「ローリングストック」がおすすめ

「ローリングストック」とは、よく使っている食品（缶詰、レトルト食品など）や日用品（トイレットペーパーや洗剤など）をストックして、古いモノから使い、使った分だけ買い足すことで、常に一定量を保つ方法です。循環することで古いモノが残ることがなく、買いすぎや在庫を切れも防ぐことができます。

高齢の方のお宅にうかがうと、収納庫や押入れから、トイレットペーパーがいくつも出てくることがあります。腐るモノじゃないとセール品をついつい買いだめるからです。１９７０年代のオイルショックの紙不足のときにトイレットペーパーがなくなった経験があるからかもしれません。

ローリングストックで、残り１パック（12ロール）になったら購入すると決めていれば、余分に購入したり、不安になったりすることもありません。

日々の暮らしの中でローリングストックを活用することで防災対策にもなりますので、ぜひ取り入れてください。

第4章
おひとりさまのお金の行方

第3章では、おひとりさまの片づけは、最初に「お金に関する整理」をすることが大切だと話しました。その整理を終えて、預貯金や所有している有価証券、不動産などが明確になり、ひとまずは安心と言えます。

けれども、これまであなたが頑張って貯めたお金や築いてきた財産は、いつまであなたが管理できるでしょうか？　自分で管理できなくなる理由として多いのが「認知症」です。

日本で65歳以上の認知症の方は、約６００万人（２０２０年時点）と推計され、２０２５年には約７００万人と、65歳以上の約5人に１人が認知症になるとの推計もあります（内閣府「平成29年版　高齢社会白書」）。年齢を重ねるほどリスクが高まる認知症は、超高齢社会に暮らす私たちにとって他人事《ひとごと》ではありません。

「おひとりさまのお金の行方」と題したこの章では、これまで貯めたお金や財産を亡くなるギリギリまで、いかに自分の意志を反映した形で管理していくのか、その方法と、元気なうちから取り組んでおくべき対策を紹介したいと思います。

第4章で説明する内容は、変更される可能性もあります。必ず該当機関に確認の上、進めてください。条件などさまざまな詳細は該当機関によって違う場合があります。また、法律の知識が必要な制度もあるため、必要な場合は専門家に相談してください。掲載内容についての質問は編集部では対応できません。該当の機関に直接確認してください。

認知症に備える5つの財産管理方法

認知症になると、銀行口座が凍結されると聞いたことはありませんか？　口座名義人が亡くなった場合、口座が凍結されることはご存知の方が多いと思いますが、認知症になり、判断能力が低下した場合にも口座が凍結されます。

具体的には、預貯金の引き出しや入金、定期預金の解約や契約の変更などができなくなります。

これは、判断能力の低下によって、詐欺や口座の不正使用などの犯罪に巻き込まれ、不利益をこうむることがないようにするためです。

口座は、認知症と診断されたからといって、すぐに凍結されるわけではありません。凍結のタイミングは銀行によりますが、口座名義人が認知症であることを銀行が把握し、判断能力が著しく低下している場合に、凍結の処置がされることが多いようです。認知症になって口座が凍結されたら、医療費や介護費、生活費に使おうと銀行に預けていたお金が使えなくなります。それを未然に防ぐには、どんな対策があるのでしょうか。

〈対策1〉「キャッシュカード」のありかと「暗証番号」を伝えておく

↓あまりおすすめできません

銀行口座の凍結対策としてまず思いつくのが、キャッシュカードを保管している場所と暗証番号をお子さんや親族に伝えておき、認知症になった場合に、代わりに預貯金を引き出して介護費用などを支払ってもらう方法です。

この方法で対応している方も実際には多いかもしれませんが、銀行のルールとしては、ＡＴＭでの取引も口座名義人本人に限られています。しばらくは、家族がキャッシュカードを使って出金できても、ＡＴＭで限度額いっぱいの金額を何度も引き出すなど、利用状況によっては銀行から本人に確認の連絡が入ることがあります。そこで認知症であることを銀行が把握すると、口座が凍結されてしまいます。このほかにも、デメリットは大きく二つあります。

①相続トラブルの原因になる

たとえば、兄弟が何人かいて、そのうちの一人が親のキャッシュカードを預かっている場合、「自分の支払いに使っているのではないか?」と疑われることがあります。実際には医療費や介護費を支払うために使っていても、ほかの兄弟には親のお金を独り占めしていると見えてしまい、相続の際に裁判になることもあります。

②キャッシュカードの再発行ができないことも

キャッシュカードを紛失したり、磁気やＩＣチップに異常があったりして、再発行しなければならないときに、銀行によっては本人でなければ手続きができなかったり、手続きに時間がかかったりすることがあります。

このように、キャッシュカードをお子さんや親族に託して、代わりに口座を管理してもらう方法は、さまざまなトラブルの原因になる可能性があるので、あまりおすすめできません。

〈対策2〉銀行の「代理人」サービスを活用する

↓取り扱っている金融機関が限られる

認知症や病気や入院、介護施設への入居などにより本人が銀行へ行けなくなった場合に備え、一部の金融機関では、「代理人」を指名できるサービスを用意しています。預金者本人が元気なうちに代理人を登録しておくことで、本人が銀行へ行くことができなくなった際に、代理人が出金などができるサービスです。代理人を指定後も、本人による取引も可能です。

代理人の登録には、預金者本人による手続きが必要です。指名される代理人の来店が必要かどうかは、金融機関によって異なります。また、代理人として指名できるのは、「2親等以内の親族」など、金融機関によってそれぞれ指定があるため、該当の金融機関に問い合わせが必要です。

代理人が行える取引は、普通預金の入出金、定期預金の入出金など、こちらも金融機関によります。あらかじめ確認しておきましょう。

「代理人」サービスのメリットは、利用料などの手数料が基本的にかからないところ。認知症など預金が引き出せない事態に、手軽に備えることができます。ネックとなるのは、導入している金融機関がまだ限られるところです。

金融機関によっては、定期預金を信託に切り替えられる特約を付けておくことで、介護や認知症が心配になった場合に、本人またはあらかじめ指定しておいた代理人が、定期預金を信託に切り替えられる商品を用意しています。

信託に切り替える前は、定期預金として自由に引き出しや預け入れが可能で、生活費やレジャー費など制限なく利用できます。

信託に切り替え後は、このあと〈対策4〉で紹介する金融機関の信託商品と同じように、使用用途は医療費や介護費などに限られ、これらの費用の請求書や領収書を銀行が確認することで、お金を引き出すことができます。資産が医療費や介護費などの目的以外に使われることがなく、安心して管理できます。

このように、金融機関によって独自のサービスもありますので、まずは自分が利用している金融機関が「代理人」の指定に対応しているかどうか確認してみましょう。

〈対策3〉「家族信託」を利用する

↓士業と呼ばれる専門家に依頼しよう

「家族信託」とは、認知症などによって自分で財産を管理できなくなった場合に備えて、「信頼のおける家族に財産を託し、管理や運用、処分をゆだねる仕組み」のことです。たとえば、あなたが預貯金や不動産などの財産の一部をお子さんに託したい場合、どの資産を、どのように管理・運用・処分し、そこで得た利益を誰のために使うのかといった内容を定めた信託契約書を作成し、お子さんと信託契約を結ぶことによって成立します。

少し専門的になりますが、財産を託す人（今回の例ではあなた）を「委託者」、託された財産の管理・運用・処分を行う人（お子さん）を「受託者」、財産からの利益を受け取る人を「受益者」と呼びます。受益者はあなた自身でも、あなた以外の個人や法人でも、複数人でも指定できます。

家族信託は、法律や税務に関する幅広い専門的な知識が必要となりますので、司法書士や弁護士、行政書士、税理士などの専門家に依頼するのが一般的です。

「家族信託」の3つのメリット

①財産を思いどおりに託すことができる

あなた（委託者）が、お子さん（受託者）に財産を託す場合、それをどのように管理・運用・処分するか、その利益を誰が受け取るかなどを信託契約で決めておくことができます。受託者のお子さんには、その希望を達成するためのさまざまな義務があり、信託財産を自分のものにしたり、勝手に処分したりはできません。

②認知症対策として利用できる

家族信託の大きなメリットは、認知症による銀行口座凍結などのトラブルを未然に防ぐだけでなく、信頼できるお子さんや親族に財産管理を任せることで、あなたの今後の生活も守れるところです。

認知症になり判断能力が低下した場合のための制度として、後ほどお話しする「成年後見制度」がありますが、成年後見制度では、財産は基本的に本人のためにしか利用できず、財産の運用も認められていません。本人が居住する不動産を売却や賃貸に出したい場合には、家庭裁判所の許可を得なければならないなど、財産の管理・運用・処分が制限されることがあります。

その点、家族信託では、信託契約で取り決めた目的の範囲内であれば、財産の運用や不動産の処分も自由に行うことができます。

③遺言書の代わりに財産の承継・事業継承を決められる

家族信託では、あなた（委託者）が亡くなったときに、信託財産の行く先（承継人）を契約で指定しておくことができ、遺言に残すのと同等の効果が得られます。さらに、承継人が亡くなったあと、残った財産を次に承継する人を決めることも可能です。これは通常、遺言ではできないことです。

「家族信託」の3つのデメリット

①身上監護のための契約はできない

家族信託は、あくまでも財産管理の制度のため、受託者に身上監護権（生活・医療・介護などの契約手続きを進める法律行為を行う権利）はありません。この点、成年後見制度では、身上監護のための契約を結ぶことができます。そのため、家族信託と、後ほど詳しく紹介する「任意後見人」をセットで準備しておくと、それぞれの弱点が補完できるのでより安心です。

②家族間のトラブルが起こることも

先ほどのキャッシュカードを預けるのと同じように、お子さんが複数人いて、そのうちの一人に財産を託した場合、「自分のために使い込んでいないか」といった疑いが生まれ、トラブルにつながることもあります。

家族信託を行う際には、推定相続人も含めた関係者全員が信託契約の内容を把握して、納得の上で進めていくことが大切です。

③信託した財産以外には効力が及ばない

家族信託で契約した財産の管理方法が及ぶのは、契約の際に託した財産のみです。それ以外に、不動産などの財産があり、あなたが亡くなった場合、それらの財産は通常の相続によって分割されます。もし、ほかの財産についても処分の仕方や承継に意向がある場合は、信託財産に含めておきましょう。

〈対策4〉金融機関の認知症に対応した信託商品を使う

↓信託できるのは金銭のみ

近年、認知症による預金口座凍結の問題に対応するために、金融機関では、認知症に備えた信託商品を用意しています。

これらの信託商品では、あらかじめ金融機関に一定額以上のお金を預け、お子さんや親族などを代理人に指定しておきます。

その後、もし本人が認知症になった場合には代理人が決められた手続きを行い、領収書や請求書を提出することで、医療費や介護費などを金融機関に預けた財産から受け取れるというものです。

先ほど説明した、委託者と受託者が信託契約を結ぶ「家族信託」と、金融機関が提供する信託商品には、大きく2つの違いがあります。

一つ目は、家族信託では受託者となったお子さんや親族が託された財産を管理しますが、金融機関の信託商品では金融機関が金銭を預かり管理します。家族は代理人となり、本人が医療や介護を受けるために必要な費用を、金融機関に預けたお金から受け取り、支払いを代わりに行うのが主な役割となります。

二つ目の違いは、信託できる財産についてです。家族信託の場合、金銭や不動産、有価証券など、基本的に信託財産に制限はありません。一方、金融機関の信託商品の場合、預けられるのは金銭のみです。

金融機関により最低の信託金額が決められており、200万から1000万円の間で設定されていることが多いようです。

このほか、信託の自由度についても、家族信託では自由に内容を決められるのに対し、金融機関の信託商品では、あらかじめ内容が決められており、自由度はほとんどありません。

また、費用面についても、家族信託は専門家への初期費用（数十万円以上が一般的）のみの支払いが多いのですが、金融機関の信託商品では、初期費用に当たる信託設定時報酬（信託金額の1・1〜1・65％が一般的）に加えて、毎月の管理手数料や運用報酬などが発生する場合もあります。

このように、金融機関の信託商品は、前述の家族信託とは大きく異なりますが、信託したい財産が金銭のみの場合、口座凍結の対策としては、有効でしょう。

〈対策5〉「成年後見制度」を利用する

↓元気なうちに任意後見制度を活用しよう

もし、あなたが認知症などにより判断能力が低下した場合、預金口座が凍結されてお金が引き出せないだけでなく、不動産を売却できなくなったり、介護サービスや施設に入所する契約が結べなかったり、遺産分割協議ができなくなったりと、さまざまな問題が起こります。

訪問販売で不要なものを購入したり、詐欺にあったりする恐れもあります。こうした判断能力が低下した人を保護し、法的にサポートするのが「成年後見制度」です。成年後見制度には、大きく分けて次の2つのタイプがあります。

●法定後見制度…すでに判断能力が不十分な人の保護・支援のために家庭裁判所に申し立てを行い、支援する人を選任する制度です。

●任意後見制度……元気なうちに将来サポートしてくれる人や内容を決め、あらかじめ契約を交わしておく制度です。

このように、判断能力によって利用できる制度が異なります。判断能力が十分にある場合は「任意後見制度」を利用することになりますので、ここでは任意後見制度について詳しく紹介していきましょう。

「任意後見制度」とは

あなたが元気なうちに、あらかじめ信頼できる人を見つけて、自分の判断能力が低下した際に、預貯金や不動産などの財産管理や、医療・介護・施設入所などに関する契約や支払いを行って欲しいと依頼し、契約を結んで引き受けてもらう制度です。

財産管理などを引き受けてくれる人を「任意後見人」と言います。あらかじめ、信頼できる人に任意後見人となることを依頼しておくことで、安心して高齢期を迎えられます。

任意後見制度を利用する手順は？

①将来自分を支援してくれる人を選ぶ

まずは、任意後見人を引き受けてくれる、信頼できる人を選びます。お子さんや親族だけでなく、知人や司法書士、弁護士、社会福祉士といった専門家に依頼することもできます。

②支援してもらいたい内容を決める

任意後見人に支援してもらう内容は自由に決められます。

たとえば、「介護が必要になったら、自宅を処分してこの施設に入所したい」「病院はここを利用したい」など、今後のライフプランや希望をもとに、どのような支援をお願いするかを具体的に考えていきましょう。

ただし、依頼できるのは財産管理と身上監護（医療や介護サービスに関する契約などの法律行為や事務）です。食事の世話や実際の介護などは、任意後見人の仕事には含まれません。また、第三者に任意後見人を依頼する場合などには、支払う報酬についても考えておきましょう。

また、一度締結した内容を変更したい場合は、変更した新しいものを作成し再度公証役場で登記する必要があります。

③任意後見契約を結ぶ

任意後見契約は、法律により公正証書で契約を結ばなければならないと決められていますので、最寄りの公証役場に出向き、公正証書を作成します。最寄りの公証役場は、「日本公証人連合会」のサイト（https://www.koshonin.gr.jp/）で調べることができます。

④判断能力が低下したら「任意後見監督人」の選任を申立てる

公正証書により任意後見契約を結んだのち、認知症などにより本人の判断能力が低下したら、家庭裁判所に対して「任意後見監督人」選任の申立てを行います。

任意後見監督人とは、任意後見人が契約どおり適正に財産管理などを行っているかどうかを監督する人のこと。この任意後見監督人が家庭裁判所によって選任された時点から、任意後見人の仕事はスタートします。

任意後見制度のメリット・デメリット

任意後見制度のメリットは、自分が元気なうちに支援してくれる人を自分自身で選べること。また、財産管理や処分の方法をはじめ、受けたい医療や介護サービスについても事前に契約で決めておけるので、判断能力が低下したあとも自分の希望する生活が送れることです。

デメリットは、法定後見制度では、本人が行った不利益な契約を取り消すことができますが、任意後見制度ではこの取消権は認められていません。

任意後見制度と法定後見制度の違いとは？

「法定後見制度」とは、すでに判断能力が低下して不十分になった際に、利用する制度です。

法定後見制度で、本人を保護・支援する人を「成年後見人」と呼びます。成年後見人には、本人の判断能力に応じて、「後見」「保佐」「補助」の3つの制度が用意されています。どれに該当するかは、家庭裁判所が決定します。

「法定後見制度」と「任意後見制度」の大きな違いは、支援する人を自分で選べるかどうかです。

法定後見制度では「成年後見人」は、どのような保護や支援が必要かに応じて、家庭裁判所が選任します。

そのため、成年後見人選任の申立てで、親族が成年後見人に立候補していた場合でも、家庭裁判所が希望どおりの人を選出するとは限りません。

司法書士や弁護士、社会福祉士などの法律や福祉の専門家、そのほかの第三者などが選ばれる場合もあります。実際、親族以外が選ばれるケースが多いです。

その場合でも、希望した人ではないことを理由に後見開始などの審判に対して、不服申し立てをすることはできません。そのほかの違いは、次の表をご覧ください。

成年後見人は途中で変更できない

成年後見人はいったん選任されると、正当な理由なく辞任したり、解任したりできません。基本的には、成年後見人は被後見人が亡くなるまで、ずっとその仕事を担うことになります。

正当な理由として認められるのは、成年後見人が高齢や病気のために職務が行えなくなった場合や、遠隔地へ引っ越した場合などです。

表1.「法定後見制度」と「任意後見制度」の違い

	法定後見制度	任意後見制度
制度の概要	認知症などにより判断能力が不十分になった人を、家庭裁判所によって選任された成年後見人などが法的に支援する制度	判断能力が低下する前に、あらかじめ任意後見人となる人と、将来その人に代わりにしてもらいたい事務(本人の生活、療養看護、財産管理に関する事務)の内容を決めておき、本人の判断能力が不十分となったのちに、任意後見人がこれらの事務を代わりに行う制度
申立て手続き	家庭裁判所に後見などの開始の申立てを行う	1. 本人と任意後見人となる人物との間で、本人の生活や療養看護、財産管理に関する事務について任意後見人に代理権を与える内容について契約(任意後見契約)を結ぶ。この契約は公正証書により締結する必要がある 2. 本人の判断能力が不十分になったのちに、家庭裁判所に対し、任意後見監督人の選任の申立てを行う
申立てができる人	本人、配偶者、四親等内の親族、検察官、市区町村長など	本人、配偶者、四親等内の親族、任意後見人となる人
後見人の選任担当	家庭裁判所	本人。ただし、任意後見監督人は、家庭裁判所が選任
後見人が付与される権限	制度に応じて、一定の範囲内で代理できる	任意後見契約で定めた範囲内で代理できる
後見人が取り消せる行為	本人が締結した契約	なし
後見監督人などの選任	必要に応じて家庭裁判所の判断で選任	全件で選任

ここまで見てきたように、法定後見制度や任意後見制度にはメリットだけでなくデメリットもありますので、事前にしっかりと考慮した上で、利用しましょう。

「リバースモーゲージ」と「リースバック」とは

第4章では、ここまであなたが築いてきた財産を認知症などで判断能力が低下したあとも、自分が希望したように活用していくための備えについてお話ししてきました。ここからは、老後2000万円問題でも話題となりましたが、老後資金に不安を感じている場合や、病気や介護に備えて資金を残しておきたいときに活用できる、「リバースモーゲージ」と「リースバック」という不動産を活用する2つの商品について、概要やメリット、デメリットを紹介していきます。

「リバースモーゲージ」は自宅を担保にしたローン

リバースモーゲージとは、自宅に住み続けながら、自宅を担保に金融機関などからお金を借りられるローン商品です。

通常のローンでは、融資額を一括で受け取ったあと、毎月元金と利息を支払っていきますが、リバースモーゲージでは、契約者が亡くなったときに自宅を売却するなどして、一括で元金を返済する仕組みとなっています。

月々の支払いは利息のみか、発生しないため、毎月の返済負担が抑えられるのが特徴です。自宅を引き継ぐ人がいない、お子さんが独立してマイホームを持っており相続を考えていないなど、おひとりさまに向いている商品だと言えます。

利用できる条件は金融機関によりますが、年齢制限が設けられており、50歳以上や60歳以上が一般的です。

借入金の受け取り方は、毎月一定額を借り入れる、一括でまとめて受け取る、随時受け取るなど、機関によります。

注意点は、リバースモーゲージの融資限度額は、土地の評価額を基準に算出されるため、土地の持分が少ないマンションには利用しづらい点です。マンションは対象外としている機関もあります。

リバースモーゲージは大きく2種類ある

リバースモーゲージは融資資金の使い道によって、大きく2種類に分けられます。

一つは、資金の使い道が基本的に自由な（事業性・投資性資金は除く）、「通常のリバースモーゲージ」です。

もう一つは、資金の使い道が住宅の購入や建築、リフォーム、住宅ローンの借り換えなどに限られる、「リバースモーゲージ型住宅ローン」です。

資金の使い道が自由な通常のリバースモーゲージは、老後の生活資金に不安のある人や、介護施設への入所のためにまとまった資金が必要な人、旅行や趣味など充実したセカンドライフを送りたい人向けの金融商品だと言えます。生きている間に自宅を手放すことなく、資金を手に入れることができます。

「リバースモーゲージ型住宅ローン」は、これまでの家が広すぎるので、便利でコンパクトな家を購入して引っ越したい人や、自宅の設備を新しくしたり、バリアフリーリフォームしたりしたい人に向いている商品だと言えます。

リバースモーゲージ型住宅ローンには、契約者が亡くなったあと、担保物件を売却して一括返済するときに、自宅の売却代金が不足して債務が残った場合、相続人が残った債務を返済する必要がない「ノンリコース型」と、相続人が残った債務を返済する必要がある「リコース型」があり、金融機関によって取り扱いが異なります。

リバースモーゲージ型住宅ローンを利用する大半の方が、相続人に負担をかけることがない「ノンリコース型」を選択しています。

リバースモーゲージのメリット・デメリット

◆メリット

①慣れ親しんだ自宅に住み続けながら融資が受けられる
②高齢でも借り入れができる
③毎月の返済負担が少ない
④元金の返済は基本的に死亡後でよい

⑤病気や介護に備え、まとまった資金を残しておける

◆**デメリット**

①条件に当てはまらず、利用できない場合がある
②金利の変動リスクがある
③不動産評価額が下がるリスクがある
④長生きした場合、最初の融資限度額では不足することがある

デメリットについて補足しましょう。

①については、契約可能エリアを首都圏や関西圏など都市部に限定している場合が多く、エリア外では利用できません。このほか、年齢や、自宅の担保価値が条件に当てはまらない場合なども利用できません。

②については、「変動金利」を採用している商品が多く、金利が上昇すると、月々の返済額が増えるリスクがあります。

③については、金融機関によっては数年ごとや毎年、自宅の担保評価額が見直され、

併せて融資限度額の見直しも行われます。このとき、借入額が融資限度額を上回ると、その分の返済が必要になります。

④については、融資限度額が設けられており、長生きして借入額が融資限度額に達すると、それ以降の借り入れができず、生活に支障をきたすことがあります。

本来、長生きは喜ばしいことですが、リバースモーゲージにはこうしたリスクもあることを、あらかじめ理解した上で利用しましょう。

社会福祉協議会の「不動産担保型生活資金」という仕組みも

自宅を担保に生活資金を借りられる仕組みとして、各地域の社会福祉協議会が手がけている「不動産担保型生活資金」という制度もあります。こちらも、金融機関の通常のリバースモーゲージと同じく、契約者が亡くなったあとに不動産を売却し、借り入れたお金を一括で返済するものです。

ただし、この制度は、世帯収入が住民税非課税世帯など低所得世帯の自立支援を目的としているので、借入金は生活資金にしか使えません。

「リースバック」は自宅を売却後、借り直す仕組み

リースバックとは、不動産会社に自宅を売却したあとに、買主であるその不動産会社と賃貸契約を結び、賃貸物件としてもとの家に住み続けることができる仕組みです。

先ほど説明したリバースモーゲージとは異なり、不動産を売却するため一度にまとまった資金を得ることができ、使い道に制限はありません。売却した自宅を買い戻せる権利（買い戻し特約）が付けられるものもあります。

リースバックのメリット・デメリット

◆メリット

①売却後も自宅に住み続けられる
②短期間で現金化できる
③マンションでも利用できる
④物件を売却したことを周囲に知られずに済む

⑤固定資産税などの支払いが不要になる

②については、自宅を不動産会社に売却するので、一般的な仲介物件として買ってくれる人を探すよりも早く売却でき、まとまった資金を受け取ることができます。

③については、リバースモーゲージはマンションでは利用できない金融機関もありますが、リースバックはマンションでも、店舗や事務所、工場などでも利用できます。

⑤については、売却後、所有権が不動産会社に移るので、固定資産税やマンションの管理費・修繕積立金などの支払いがなくなります。

◆デメリット

①売却価格が相場よりも安いことが多い
②家賃が相場よりも高いことがある
③ずっと借りられるとは限らない
④買い戻すとき売却価格よりも高くなる傾向がある

①については、不動産会社に物件を買い取ってもらうため、通常の仲介物件として買い手を探すときよりも、売却価格は安いことが多くなります。

②については、不動産会社が利回りも考慮して家賃を決定することが多いためです。

③については、賃貸契約は、2年の「定期建物賃貸借契約（定期借家契約）」で結ばれるケースが多く見られます。定期借家契約は普通借家契約と異なり、2年ごとの更新が前提となっていないため、再契約できない可能性もあります。

リースバックとリバースモーゲージ、どちらを利用するべきか

リースバックは自宅を売却して借り直すことで、まとまった資金を得ることができます。一方、リバースモーゲージは自宅を担保にローンを組むことで資金を得られる仕組みです。従来のリバースモーゲージは、毎月一定額を受け取るタイプが多かったのですが、最近は一括で受け取れるタイプも増えています。

そのため、住宅ローンの返済やリフォーム、医療・介護費用などにあてるために、まとまった資金を必要としている場合、リースバックとリバースモーゲージのどちらが

有利か、また、どの金融機関や不動産会社の商品が、自分の利用目的に合っているか、よく比較・検討することをおすすめします。

また、自宅に住み続けることにこだわらない場合、リースバックではなく、通常の仲介による売却を検討するのも一つの方法です。そのほうが、より高く売却できることが多く、その資金をもとに、これからのおひとりさまの暮らしに備えた、最適な物件に引っ越すことも可能です。

※これらの情報は2023年2月時点のものです。実際に使用される場合は必ず該当機関に確認してください。

column 3

後見人制度の活用について

第4章では、いろいろな制度の概要について説明しましたが、その中でもAさんの体験談をご紹介します。あくまでも一個人の意見ですが、参考になるかもしれません。

Aさんの体験談

私の場合、70代後半の父がアルツハイマー型認知症と診断されたことで、いろいろな問題が我が家に突然発生しました。

父は一人暮らしだったため、気づくのが遅く、診断がついた頃には金銭的な問題が多々発生していました。

たとえば通常5000円くらいだった月の電気代が5万円になっていたり、家中の家電が全部新品になっていたり、最悪だったのがクレジットカードを銀行のキャッシュカードと間違えてATMでキャッシングをしてしまい、借金をしていたことなどです。

さて父をどうするか？

まずは特別養護老人ホーム（特養）探しです。要介護3以上でないと入所できないのですが、アルツハイマー型認知症は入所条件に入っているため、ケアマネジャーさんに相談して、要介護1の父でも幸い空いている特養に入ることができました。

次は空き家をどうするかです。アルツハイマー型認知症になると本人に判断力がないので「後見人または保佐人」をつけなければ売れないことを知りました。

聞いたことがあるけれども、果たして「後見人または保佐人」とはどんな仕組みなんだろうか……。

ネットで検索してもわかりづらく、本を読んで理解しようとしてみましたが、それでも全容は理解できませんでした。

そこで疑問点などを洗い出し、最終的に後見人などはつけず、しばらく（父が亡くなるまで）空き家で維持するという結論に至りました。

理由の一つは、成年後見人は、父のお金の収支を家庭裁判所に報告する義務はあるものの、家族に報告する義務はないというものです。もしかしたら、尋ねても教えてもらえない場合もあるかもしれない、と思ったからです。

幸いにもアルツハイマー型認知症になる前から父の銀行口座の代理人サービスを契約していたので、私が特養の自動引き落としの手続きができました。

ただしすべての銀行が対応しているわけではなく、銀行によっては認知症になると口座を凍結することもあるそうなので、元気なうちから親の口座やお金について把握し、何らかの手続きをしておくことが本当に重要だと思いました。

また、家族が成年後見人になれればいいのですが、認知症と診断された者に対して、家族が成年後見人になりたいと申立てて認められるのは、約20%くらいらしいのです。約80%の確率で弁護士や司法書士など、つまり他人が認定されるそうです。そして一度認定された人は、被後見人つまり父が亡くなるまで外せないそうです。特に認知症になったあとだと、家族が後見人になるのは難しいようです。これも、成年後見人をつけるのを躊躇《ちゅうちょ》した理由の一つです。

そして、知人から聞いた清算に関する話もその理由となりました。

知人によると、親の入居する施設からの依頼で、衣類などを買った費用や、実家の庭の雑草の処分費などを知人が立て替えたあと後見人に清算をお願いする必要があったり、施設にお礼のお菓子を送った費用は清算してもらえなかったりと、清算に時間がかかったり、支払われない項目があったりと煩わしいそうです。


私は成年後見人の制度を批判しているわけではありません。

もし家族が確実に後見人になることができれば、私も後見人制度を利用したと思います。調べたところ「任意後見人制度」というものがあることを知りました。

これは本人の判断能力がしっかりしているときに、任意の人に後見人を頼める制度です。

父の場合は遅かったのですが、この制度は「おひとりさま」に向いている制度ではないかと思いました。

私は独身で子どももいないため、この制度を利用すべく、自分の後見人に適した人物を今から探そうと思っています。

※任意後見制度は法定後見制度と内容が異なる点があるため、制度を利用する場合は事前に内容をしっかり調べてください。また、本書では１１３ページにて、「家族信託」とセットで準備しておくと、それぞれの弱点が補完できる旨説明をしています（編集部注）。

第5章
おひとりさま最後の住まい

あなたはこれからの数十年、どのように暮らしたいですか？　また、もし介護が必要になった場合は、どこに住みたいですか？

「自宅に住み続ける」のかそれとも「住み替える」のか、体力も気力も十分な60代のうちなら、情報収集を行い、多くの選択肢の中から理想の暮らしを選ぶことができるでしょう。

けれども、介護が必要になってからでは、それらのことを自分でする気持ちも時間もなくなっているかもしれません。そして望むような環境とは、かけ離れた生活を最後に迎えることにもなりかねません。

また、認知症などになり判断能力が衰えると、あなた自身の意向を家族に直接伝えることも難しく、家族も選択に悩むでしょう。ですから、なるべく早い段階で「これからの住まい」について考え、準備をしておくことが大切です。

実際に、身体機能が低下して車イスや介助者が必要になった場合、多くの方はどこで生活を送りたいと考えているのでしょうか。

内閣府の「第9回高齢者の生活と意識に関する国際比較調査（2020年度）」によると、59・1％の人は「自宅にとどまりたい」と回答しています。「高齢者用住宅へ引っ越したい」「老人ホームへ入居したい」など、住み替えたい人は27・6％となっています。

6割弱の人が「自宅にとどまりたい」と考える中で、車イスや介助者が必要になった場合の自宅の住みやすさを尋ねたところ、「住みやすい」「まあ住みやすい」は合わせて23・8％にとどまる一方、73・7％の人が自宅に「問題がある」と答えています。

自宅に住み続けたいと望んでも、段差が多かったり、急激な温度変化があったり、カビが発生したりなど、家の中に事故や病気の原因となる要因があると、安心して暮らすことができません。

第5章の前半では、自宅に安心・安全で快適に住み続けるためのリフォームのポイントについてお話ししたいと思います。後半では、住み替える場合にどんな選択肢があるのかを中心に紹介します。

ぜひ、自分自身が望むような将来に備えた暮らしができる住まいの参考にしていただければと思います。

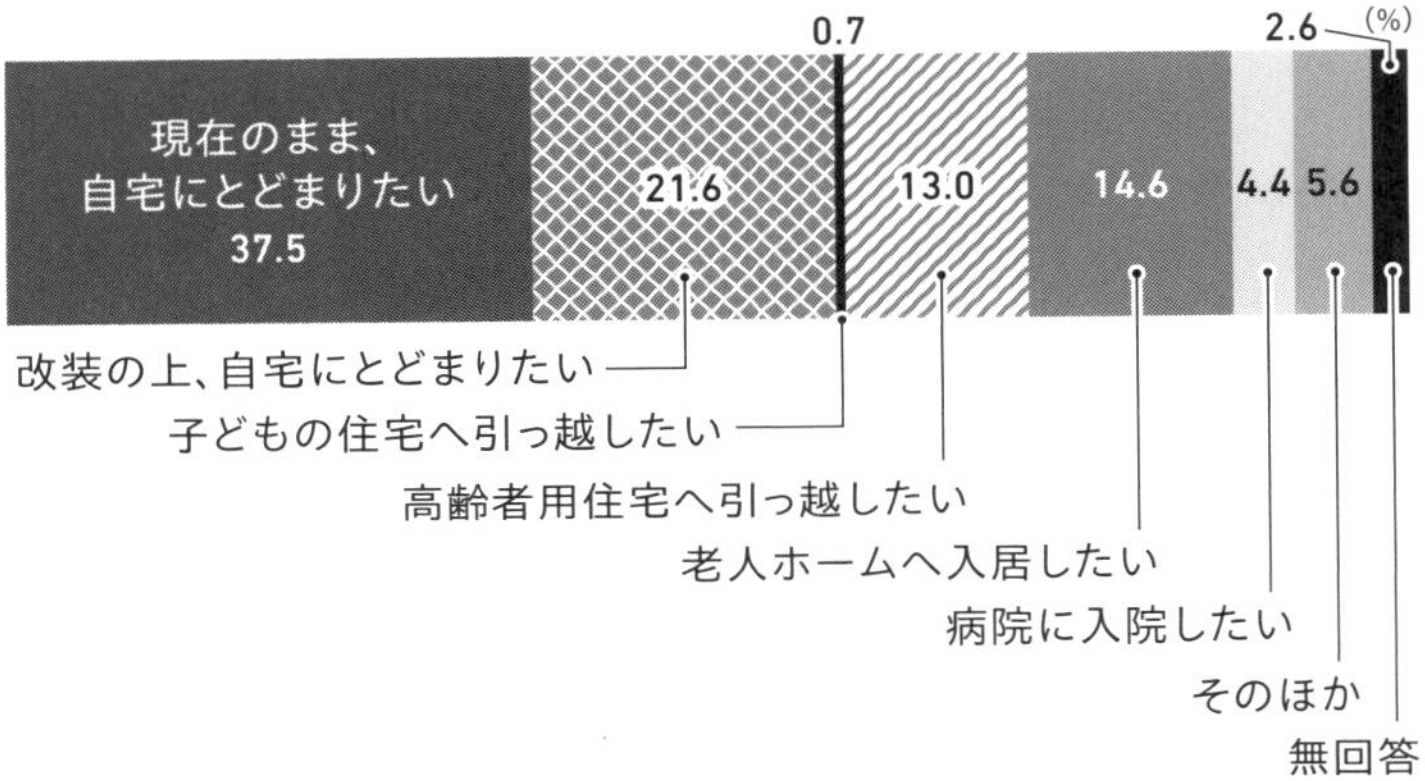

図8. 身体機能が低下した場合の住宅

(出典:令和2年度〈2020年度〉第9回高齢者の生活と意識に関する国際比較調査〈内閣府〉)
(n=1,367)

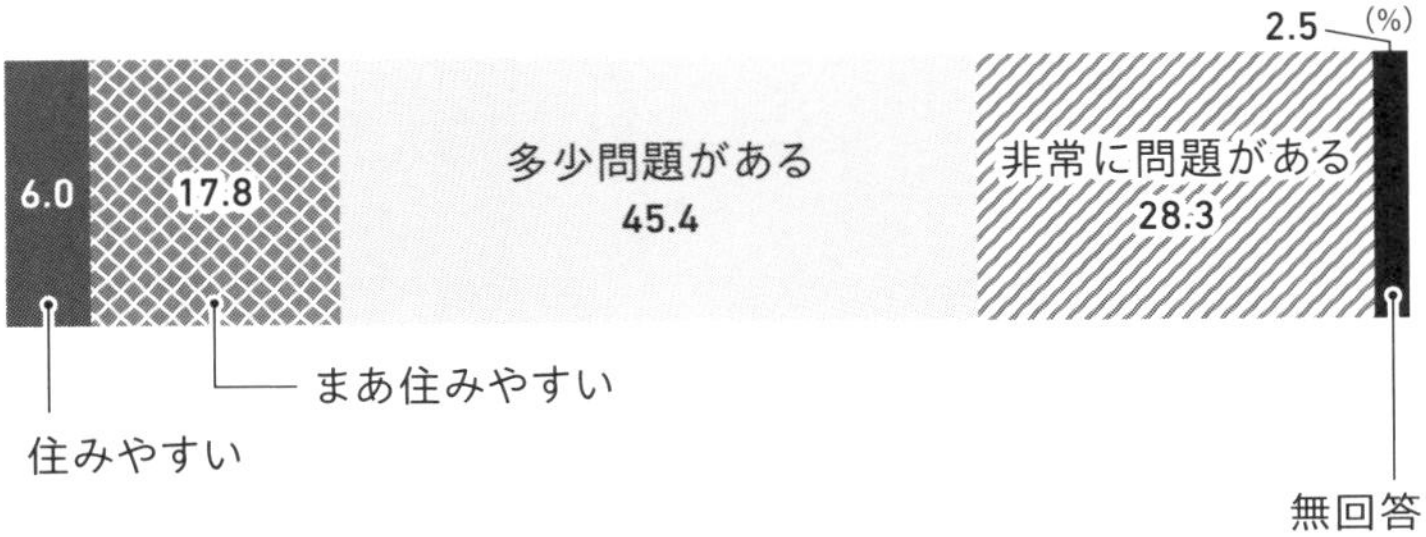

図9. 身体機能が低下した場合の住宅の住みやすさ

(出典:令和2年度〈2020年度〉第9回高齢者の生活と意識に関する国際比較調査〈内閣府〉)
(n=1,367)

自宅に住み続けるためのリフォームのポイント8

第2章で、これからの人生を楽しむための片づけでは「安心・安全」が大切だとお話ししましたが、リフォームでもその基本は変わりません。

国土交通省の「高齢期の健康で快適な暮らしのための住まいの改修ガイドライン」（2019年3月）によると、できるだけ長く、健康で快適に暮らせる住まいを実現するために、リフォームで心がけるポイントは次の8つです。

（1）温熱環境
（2）外出のしやすさ
（3）トイレ・浴室の利用のしやすさ
（4）日常生活空間の合理化
（5）主要動線上のバリアフリー
（6）設備の導入・更新
（7）光・音・匂い・湿度など

（8）余剰空間の活用
中でも重要なのは、（1）～（4）の項目です。

（1）温熱環境

「ヒートショック」という言葉をご存知ですか？　ヒートショックとは、急激な温度変化によって体がダメージを受けること。

冬場に暖かいリビングから寒いトイレや浴室に行ったときに、温度変化によって血圧が急激に上下して心筋梗塞や脳卒中などを引き起こすもので、特に高齢者は注意が必要です。

古い家は、壁や床、天井に断熱材が入っていなかったり、熱を伝えやすいサッシだったりするために、家の中で大きな温度差が生まれがちです。それを防ぐには、窓やドアを断熱性や気密性が高いものに変えること、冷暖房設備を適切に設置すること、住まい全体の冷暖房ができるように間取りを工夫すること、部屋と廊下、トイレ、浴室などの温度差を減少させることなどを考慮して、リフォームしましょう。

室内の温度差がなくなることで、寒い冬や暑い夏でも家事がおっくうではなくなり、活動量が自然と増えて健康を長く維持できます。また、冷暖房効率が良くなり省エネかつ、ランニングコストが抑えられるのもポイントです。

●「換気」にも気をつけよう

温熱環境を整えるリフォームを行う際に気をつけたいのが「換気」です。断熱性・気密性を高めると、部屋の空気は入れ換わりにくく、汚れた状態になりやすいからです。

室内の空気には、呼吸によって増える二酸化炭素をはじめ、ハウスダスト、花粉、細菌、ウイルスのほか、住宅の建材や家具などから放出されるホルムアルデヒドなどの揮発性化学物質も含まれます。

断熱性・気密性の高い部屋では、こうした汚れた空気がたまり、健康に悪影響を与えかねません。新型コロナウイルス感染症にかかるのを防ぐためにも、適切な換気が推奨されているのは、皆さんもご存知のとおりです。

換気とは「窓を開けること」だと思いがちですが、正しくは、「室内の空気と、外の空気を入れ換えること」です。

窓を開けても、空気が入れ換わらなければ意味がないのです。それでは、どうすれば空気が入れ換わりやすくなるのか、3つのケースを見ていきましょう。

●窓が複数ある場合

換気では〝風の通り道〟をつくることを意識しましょう。部屋に窓が複数ある場合は、2ヵ所の窓を開けると、風の〝入り口〟と〝出口〟ができて、空気が入れ換わりやすくなります。ただし、近くにある窓を2ヵ所開けても風の通り道が短く、あまり効果的とは言えません。部屋の対角線上にある窓を開けましょう。

●窓が1ヵ所しかない場合

窓と部屋のドアを開けて、風の通り道をつくります。同時に、窓の外に向けて扇風機やサーキュレーターを回し、空気が流れるようにしましょう。

●窓がない場合

部屋のドアを開けて扇風機などを外に向けて回し、空気を排出します。同時に、浴室やキッチン、トイレなどにある換気扇を回して、汚れた空気を外に出します。防犯に気をつけながら2方向の窓やドアを少しだけ開けて常に換気するか、30分に

1回以上数分間、窓を全開にして空気を入れ換えましょう。

この方法は、新型コロナ対策の換気としても推奨されています。

最近のマンションや一戸建てには、「24時間換気システム」という、家の中の空気を自動的に循環させて入れ換える仕組みが設置されていることがあります。

その場合、24時間換気システムの電源がついているか、給気口や排気口が閉じていたり、家具などでふさがれていたりしないか確認し、正しく使用しましょう。

(2) 外出のしやすさ

高齢になり足腰が弱ってくると、段差や空間の狭さから玄関での靴の着脱の際にバランスを崩し、転倒事故が起こりやすくなります。玄関での転倒の原因の多くは、つまずく、滑る、バランスを崩す、段差を踏み外すなどです。

そこで、玄関用のイスを用意したり、手すりを取り付けたりしましょう。

戸建ての場合は玄関の外にスロープや照明などを設置することで安心して外出できます。靴箱の大きさや配置を見直し、玄関スペースをできるだけ広くするのもポイントです。

玄関のリフォームが難しい場合は、縁側や掃き出し窓から移動できる経路を確保するのも一つの方法です。

外出がしやすくなることで運動の機会が増えるだけでなく、趣味やボランティア、スポーツなどを通じて社会とのつながりが保てることで、いつまでも心身ともに若々しく過ごすことが期待できます。

(3) トイレ・浴室の利用のしやすさ

自分でトイレが利用できなくなることをきっかけに、高齢者住宅への入居を考え始める人も多く、長く自立した生活を続けるためにトイレは重要です。

また、体を清潔に保ち、健康であるために浴室も重要です。

リフォームを行う際は、可能であればトイレに近い部屋を寝室とし、トイレまでの間に手すりや照明を設置し、段差を取り除き、夜間でも安心して行き来できるようにします。特に浴室は床面が濡れ、石けんなどで滑りやすく、また入り口の段差での転倒事故が多い場所です。手すりを設け、ヒートショックを防ぐために、適切な冷暖房機器を取り付けましょう。

(4) 日常生活空間の合理化

子育ての時期に入手した家は、子どもたちが巣立ったあとには使っていない部屋もあり、掃除などの管理が大変です。

また、高齢になると階段の昇り降りや荷物の上げ下げも負担になっていきます。2階に寝室がある場合は、リビングやキッチン、トイレ、浴室がある1階に移して生活空間をコンパクトにしましょう。

これにより上下階の移動がなくなり、掃除の負担も軽減でき、自宅での暮らしを長く維持しやすくなります。リビングやキッチン、ダイニングなど、日常的によく使う部屋の間仕切りを取って一体化することで、開放的で快適な暮らしが実現できます。

(5) 主要動線上のバリアフリー

第2章で、高齢者が自宅内で転んで緊急搬送される事故が多数起こっていると話しましたが、高齢になると小さな段差や暗がりでも、転倒事故が起こりやすくなります。

普段、家事やトイレ、外出などの移動でよく使う生活動線は、段差をなくしたり、手すりを設置したり、ドアを引き戸に変更したりしてバリアフリー化を図りましょう。

※バリアフリーとは、高齢者や身体が不自由な人など、誰もが安全で快適に生活できるように障壁（バリア）を取り除く（フリー）こと。

⑹ 設備の導入・更新

トイレや浴室、キッチンの設備を今の暮らしに合った使いやすいものに変えることで、家事の負担が軽減できます。また、電動シャッターや自動点灯照明、防犯カメラ、ドアホンなどを導入することで外出しやすくなり、防犯性も高められます。

⑺ 光・音・匂い・湿度など

リビングや寝室など、生活の中で長く過ごす空間を中心に、日照や採光、遮音、通風などを考慮して快適な環境を整えましょう。夜間も落ち着いた雰囲気と手元の明るさが確保できるように、照明を工夫しましょう。

（8）余剰空間の活用

子ども部屋や和室などの余った部屋を趣味の空間や、家族や友人が遊びに来た際に泊まれる客間として活用することで、これからの楽しみな時間を過ごすための場所ができます。

このように家の中の温度が快適に保たれ、外出時や室内での移動がしやすく、転倒する危険性も少ない家であれば、思わぬケガや病気も予防でき、元気でアクティブな暮らしを長く楽しめるでしょう。また、将来、身体機能が低下したときに安心なだけでなく、今の日常生活も安全で快適なものに変えてくれるバリアフリーリフォームを、リフォームを検討している50代以上の方はぜひ検討してください。

まだあるリフォームのポイント

ここまでは住まい全体についてお話ししましたが、ここからは各部屋のリフォームのポイントについて紹介します。

まず「寝室」は、将来介護が必要になったときに備えて、介護用ベッドが置ける広さがあると安心です。

介護用ベッドは少し大きめで、一度設置すると簡単に動かすことができません。また、ベッドの周りに「訪問介護員（ホームヘルパー）」が入って作業するスペースや、介護用品を収納するラックなどを置くスペース、そして将来車イスが必要になることも考え、寝室にあるモノを片づけ、できるだけ広いスペースを確保しましょう。

「キッチン」での家事はずっと立ちっぱなしのため、高齢になると足腰に負担となります。イスを用意するといいでしょう。また、車イスで使えるキッチンもあります。自動水栓など使いやすい機能もあり、高齢者にやさしく設計されています。

キッチンで大事なことは掃除のしやすさ、火の消し忘れ防止設備などです。ＩＨのコンロにするのもおすすめです。家事がしやすいよう、できるだけ手元を明るくすることも大事です。年齢を重ねて少しずつ身体機能が落ちていくと、今のようにテキパキと家事をこなすのが難しくなっていきます。また、家事仕事が面倒になっていきます。毎日立つキッチンは、使いやすく、家事時間を短くできるよう一度動線を見直しましょう。

「ダイニング」は、イスを引いた状態でも、後ろを人がゆったりと通れる広さを確保しましょう。

テーブルは、1本脚の丸テーブルは立ち上がるときに手をついてバランスを崩す危険があるので、安定感のある4本脚で角が丸いものがいいでしょう。

イスは、肘掛けがあると足腰が弱ってきたときに立ち上がりやすいのでおすすめです。キャスターや回転機能が付いたイスは、手をついたときにイスが動いて転倒する危険性があるので、避けたほうがいいでしょう。

「洗面台」は、洗面ボウルの下が空いていて、イスを置いて座った状態でも足が入れられるものを選ぶと、車イス生活になったとしてもそのまま使うことができます。

住み替える場合

ここからは、住居に関するもう一つの選択肢「住み替える」場合について話していきます。

高齢者住宅には、国や自治体などの公的機関が運営するものと、民間が運営するものがあり、種類もさまざまあるため、どのように選んでいいか迷うと思います。選ぶ際のポイントは、大きく次の4つです。

①元気なうちから入居できるか（要介護認定が必要か）
②費用はどれくらいかかるか（初期費用、月額費用など）
③どんなサービスが受けられるか（介護・医療・生活に関するサービスなど）
④ずっと住み続けられるか（途中で転居が必要となるか）

◆公的な高齢者住宅の特徴

- 一般的に民間の施設よりも費用が安く抑えられる
- 「要介護3以上」など、入居条件が厳しい施設も多い
- 入居待ちが長い傾向にある
- 民間施設よりもイベントや娯楽などのサービスが少ない

「特別養護老人ホーム」をはじめとした公的施設は、介護度が高い人や低所得者を支

援することに重点を置いているので、民間が運営する施設よりも費用が安く抑えられますが、要介護認定を受けていないと入居できない施設も多くあります。人気が高く入居待ちが発生しているため、なかなか入居できない点も注意が必要です。公的な高齢者住宅には、次の5種類があります。

●特別養護老人ホーム　●介護老人保健施設　●介護医療院
●軽費老人ホーム　●ケアハウス

◆民間の高齢者住宅の特徴

●利用者のさまざまなニーズに応える多様な施設がある
●サービスが充実している一方で、費用が比較的高くなる傾向がある
●元気なうちから入居できる施設もあり、選択肢の幅が広い

元気なうちから入所できる施設から、介護度が高い方を受け入れるところまで、それぞれの状態に対応できる施設がそろうため、条件に合った施設を選ぶことができます。民間が運営する高齢者施設は、公的施設よりもイベントや娯楽に関するサービス

が充実しているのが一般的です。民間の高齢者住宅には、次の6種類があります。

●サービス付き高齢者向け住宅　●介護付き有料老人ホーム

●住宅型有料老人ホーム　●グループホーム

●健康型有料老人ホーム　●シニア向け分譲マンション

ここに紹介した公的・民間の高齢者住宅にはそれぞれ違いや特徴があり、興味のある方は調べてみましょう。ここでは何施設かについて紹介します。

元気なうちから入居したい人におすすめの施設「サービス付き高齢者向け住宅」

サービス付き高齢者向け住宅（サ高住）とは、簡単に言えばバリアフリー性能が整った賃貸住宅で、基本的に60歳以上の人が入居できます。安否確認や生活相談サービスが受けられるため、おひとりさまでも安心して暮らすことができます。食事の提供や清掃・洗濯などの家事援助サービスが付く施設もあります。

入居する際の初期費用が、ほかの有料老人ホームと比べて安いのが特徴です。介護が必要になった場合には、訪問介護やデイサービスなどの外部のサービスを利用するのが一般的ですが、「介護型」と呼ばれる、施設に常駐するスタッフが介護サービスを行うタイプもあります。

自立、または比較的介護度が低い人を対象にしている施設が多く、介護度が高くなった場合、ほかの施設への転居を考えなければならない場合もあります。

同じ施設に住み続けたい人におすすめの施設「介護付き有料老人ホーム」

介護付き有料老人ホームとは、施設に常駐するスタッフから介護サービスや身の回りの世話などが受けられる施設です。

介護度が高くなった場合や、認知症の症状がある人にも対応でき、看取《みと》りも行っていることが多く、長く安心して住み続けられます。要介護認定を受けていない自立のうちから入居できる「混合型」と呼ばれる施設もあります。介護サービスに加えて、レクリエーションやイベントなどが充実しているのも特徴です。入居時には「入居一時金」と呼ばれる初期費用がかかります。

認知症になっても入居できる施設
「特別養護老人ホーム」

公的な介護施設で、寝たきりや認知症など、原則として介護度の高い方（要介護3以上）を入居対象としています。初期費用がかからず、民間の施設に比べて月額費用も安く抑えられます。看取りに対応している施設も多くあります。

このほか、「グループホーム」は、要支援2以上の認知症の方を対象にした施設です。先ほど述べたように「サービス付き高齢者向け住宅」や、「介護付き有料老人ホーム」の中にも、認知症の方を受け入れている施設があります。

おひとりさまの不安を解消する各種サービス

一人で自宅に住み続けることを選んだ場合、不安がある方も多いのではないでしょうか。そこで、第5章の最後におひとりさまのさまざまな不安を解消するサービスについてお話ししたいと思います。

緊急時（急な体調不良など）の不安

▼「見守りサービス」を利用する

家の中で転倒したり、急に体調が悪くなって動けなくなったりした場合、一人暮らしではなかなか周りに気づいてもらえないという不安があります。

「見守りサービス」は、そんなおひとりさまの生活を、さまざまな方法で見守ってくれるサービスです。

たとえば、緊急ボタンを押すとスタッフが駆けつける、センサーやカメラを活用して生活を見守り、緊急時にはスタッフが駆けつける、定期的にスタッフが自宅を訪問して生活の様子をチェックする、電話で安否や生活状況を確認するなど、さまざまなサービスがあります。

現在の健康状態や費用（初期費用・月額費用）などを考慮して、希望に合ったサービスを選びましょう。

食事や掃除、買い物などの不安

▼訪問介護の「生活援助」サービスを利用する

身体機能が低下したときに、料理や掃除、洗濯などの家事や、買い物などの日常生活を継続するのが難しくなる不安を抱えている方も多いでしょう。そんなときに利用したいのが、介護保険の訪問介護による「生活援助」です。

要介護1～5の認定を受けていることに加えて、一人暮らし、同居家族で身体が不自由な人がいるなど、明らかにほかの人が手を貸さなければ日常生活が成り立たない、生活に必要な家事を自分で行えない場合、ホームヘルパーなどが自宅を訪問して、料理や掃除、洗濯、買い物などの日常生活を維持するために必要な家事などの支援を行なってくれます。通院などを目的とした乗車・移送・降車の介助サービスもあります。

介護サービスを利用するには、自治体の窓口で「要介護認定」の申請が必要です。すると、自治体の職員が自宅を訪れ、認定調査が行われます。その後、一次判定、二次判定を経て、どのくらいの介護が必要かという要介護度が決定します。

要支援1・2や要介護1～5と認定された場合は、介護（介護予防）サービスが利用できます。

サービスを利用するには、「介護（介護予防）サービス計画書（ケアプラン）」の作成が必要となります。

要支援1・2の場合は「地域包括支援センター」に相談し、要介護1以上の場合は「介護支援専門員（ケアマネジャー）」のいる市区町村の指定を受けた「居宅介護支援事業所」に依頼します。

訪問介護の「生活援助」サービスを受けたい場合は、ケアマネジャーに相談し、ケアプランに盛り込んでもらいます。家族の分の食事をつくるなど直接利用者の援助に該当しないサービスや、草むしりや大掃除、ペットの世話など日常生活の援助の範囲を超えるサービスなどは受けることができないので注意しましょう。

▼民間のサービスを活用する

介護保険サービスが利用できるのは、基本的には65歳以上となります。65歳未満や、要介護・要支援に該当しない場合などは、民間のサービスを活用するのも一つの方法です。

買い物や料理の手間が省け、栄養バランスも考えてつくられた食事が味わえる「配食サービス」や、掃除や料理、買い物などを依頼できる「家事代行サービス」など、さまざまなサービスがあります。

これまで一生懸命に生きてきたのですから、これからはぜひ自分のためにお金を使いましょう。

※これらの情報は２０２３年２月時点のものです。実際に使用される場合は必ず該当機関に確認してください。

第6章
おひとりさまの空き家

第5章では「おひとりさまの住まい」について話してきましたが、「自宅に住み続ける」ことを選んだ場合、あなたが亡くなったあとに、その家をどうするかという問題が出てきます。

お子さんなどが戻って住む予定がない場合は、空き家として放置されるかもしれません。高齢者住宅に「住み替える」場合も、もとの家を売却せずに持ち続けていると、最終的には空き家になる可能性があります。

そして、その整理をしなければ、ただの空き家でなく、多くの家財が置きっぱなしの空き家になります。つまり、「空き家になってからでは遅い」のです。

第6章では、あなたの住まいを空き家にしないために、事前にできる対策や処分方法などについて紹介したいと思います。

「空き家」は近隣の安全や環境を損なう原因に

現在、空き家は年々増え続け、大きな社会問題となっています。総務省統計局の「平成30年住宅・土地統計調査」（https://www.stat.go.jp/data/jyutaku/2018/pdf/kihon_g

aiyou.pdf）によると、平成30年（2018年）の時点で全国の空き家は約849万戸となり、5年前と比べて29万3千戸（3・6％）も増加しています。

総戸数に占める空き家の割合である「空き家率」は、13・6％と、平成25年（2013年）から0・1ポイント上昇して過去最高となっています。

次ページのグラフをご覧いただくと、空き家は、ずっと増え続けています。特に問題なのは、長期にわたり空き家になる住宅が増加していることです。

空き家のまま放置すると、次のようなさまざまな問題が起こります。

●家の傷みが進んで近隣の景観を悪くする
●倒壊の危険性がある
●放火などにより火災が発生する
●樹木や雑草が茂り、家からはみ出す
●スズメバチなどの虫やネズミなどの動物がすみつく
●ゴミが不法投棄される
●不審者が住みつく

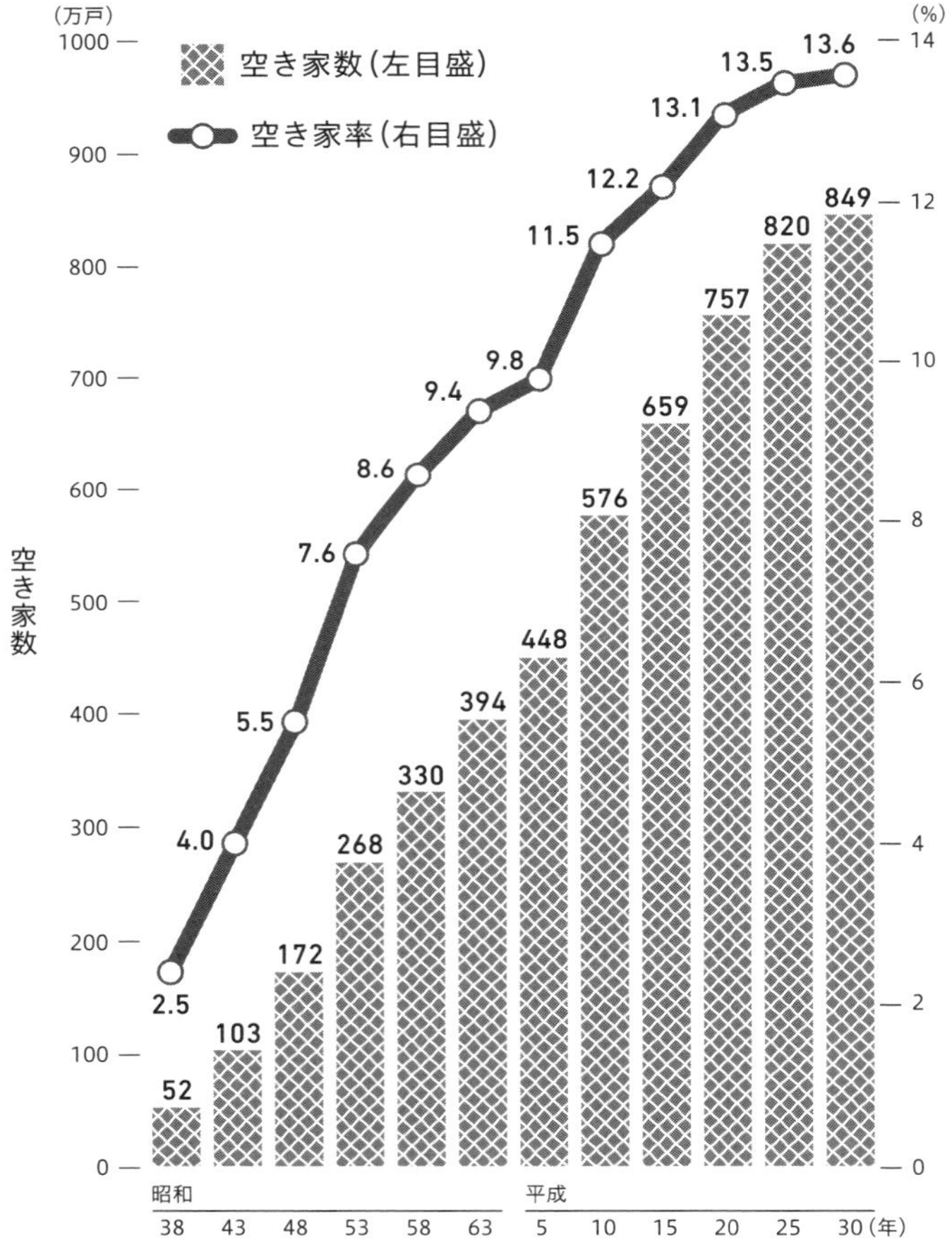

図10. 空き家数及び空き家率の推移—全国(昭和38年〜平成30年)

(出典:平成30年〈2018年〉住宅・土地統計調査〈総務省〉)

このようにあなたの住まいが最終的に空き家になることで、近隣に安全面・衛生面・環境面など、さまざまな迷惑をかけかねません。

2015年5月に全面施行された「空家等対策の推進に関する特別措置法（空家法）」により、空き家を適正に管理していない場合、自治体が略式代執行で取り壊すこともできるようになりました。また、「特定空家等」に認定されると、税金上のメリットを受けられなくなったり、過料を科されたりするようにもなりました。具体的には、次の状態が一つでも当てはまると「特定空家等」に認定されます。

①倒壊など著しく保安上危険となるおそれがある状態
②著しく衛生上有害となるおそれのある状態
③適切な管理が行われていないことにより著しく景観を損なっている状態
④周辺の生活環境の保全を図るために放置することが不適切である状態

「特定空家等」に認定されると、固定資産税の住宅用地の特例措置が受けられなくなり、固定資産税が更地の状態と同等の最大6倍となります。空き家の管理に関する行政からの命令に応じない場合には、50万円以下の過料が科されることもあります。

あなたの家を空き家にしないためには？

国土交通省の「令和元年　空き家所有者実態調査」によると、空き家の54・6％が「相続」によって発生しています。また、介護が必要となり「老人ホームなどの施設に入居」することも、空き家発生の原因の一つとなっています。こうしたタイミングで、あなたの家を空き家にしないためには、どんな対策があるのでしょうか。ここでは、5つの対策を紹介したいと思います。

①不動産を共有財産にしない

相続のとき、不動産はお金のように均等に分けるのが難しいため、遺言がない場合や遺産分割協議がまとまらなかった場合に、持分（所有権）を複数の法定相続人で分けて共有するケースがあります。

共有にした場合の一番のデメリットは、不動産を売却したり、賃貸に出したりしづらい点です。

共有の不動産は全員の同意がないと売却できないため、空き家のまま放置されるリスクが高まります。共有者のうちの一人が亡くなり、相続が発生してさらに共有者が増えると、権利関係が複雑化して意見をまとめるのがますます難しくなります。

このような事態を防ぐには、遺言によってできるだけ単独相続にすることがポイントです。自宅を一人の相続人に引き継がせる場合、残りの相続人に対して、相続する財産を遺言で明確にしておくと、相続人同士のトラブルを未然に防ぐことができます。

②「リバースモーゲージ」「リースバック」を活用する

第4章で紹介した「リバースモーゲージ」や「リースバック」を利用するのも対策の一つです。どちらも、生前に持ち家を有効活用しつつ、亡くなったあと、空き家になることを防ぐことができます。

③家財を減らす・整理する

家にたくさんの家財が残っていると、相続した人はそれを片づけること自体、大変なため、空き家のまま放置する原因となります。

家を「売却する」「貸す」「利用する」「解体する」など、どの場合にも家財の片づけは必要です。第3章で紹介した方法を活用しながら、徐々にモノを減らしていきましょう。

④高齢者施設に入る際に売却する

高齢者施設に入居する際に自宅を売却すれば、そのお金を入居資金や介護費などに活用できます。また、現金化することで、相続するときに不動産よりも分けやすくなり、トラブルも回避できます。自宅を売却する場合、条件を満たせば「居住用財産を譲渡した場合の3000万円の特別控除の特例」が受けられ、売却益にかかる譲渡所得税を抑えられるケースがあります。主な条件は次のとおりです。

（1）居住用財産（マイホーム）の譲渡であること

・自分が住んでいる家屋を売るか、家屋とともにその敷地や借地権を売ること

・以前住んでいた家屋や敷地などの場合には、住まなくなった日から3年を経過する日の属する年の12月31日までに売ること

（2）売手と買手が親子や夫婦など特別な関係でないこと
（3）前年および前々年にこの特例やほかの居住用財産の譲渡に係る特例の適用を受けていないこと

高齢者施設に住み替えるときに注意が必要なのは、「住まなくなった日から3年を経過する日の属する年の12月31日」までに売却することです。

それを過ぎてしまうと、３０００万円の特別控除を受けられません。また、控除を受けるためには、条件をすべて満たす必要がありますので、詳しくは国税庁のサイト（https://www.nta.go.jp/taxes/shiraberu/taxanswer/joto/3302.htm）をご確認ください。

なお、現金化する場合、周辺相場より低くなる傾向もあるなど、デメリットもあります。慎重に検討して税理士などに相談することも必要でしょう。

⑤空き家バンクに登録する

自宅を売却する場合、不動産会社に依頼するのが一般的ですが、交通の便があまり良くなかったり、建物が古くなっていたりなどの理由から、なかなか買い手がつかない場合は、自治体が運営する「空き家バンク」に登録するのも一つの方法です。その仕組みについて、詳しくお話しします。

●「空き家バンク」は無料で活用できる

「空き家バンク」とは、自治体が運営する空き家情報のプラットホームです。空き家を売りたい人・貸したい人が、空き家が存在する自治体の空き家バンクに情報を登録、自治体はサイトでその情報を公開し、空き家を探している人とのマッチングを行います。

空き家バンクで自治体が行うのは、空き家情報の発信と、購入や賃貸希望者がいた場合の橋渡しのみで、実際の交渉や契約は、自治体と提携した不動産会社が間に入るか、所有者と利用希望者が直接行うのが一般的です。不動産会社が仲介する場合には、「仲介手数料」が発生します。

空き家バンクへの登録は、無料で行えるのが一般的です。

空き家バンクが誕生した背景には、増え続ける空き家によって引き起こされるさまざまな問題や、少子高齢化、過疎化による地方の人口減少問題などがあります。

自治体は、空き家の情報を発信し、移住者を呼び込むことで、地域の活性化と空き家問題解消の両方を図りたいと考えています。

国土交通省が令和元年10月に行ったのアンケートによると、全国の約7割の自治体が空き家バンクを開設しています。自治体により内容が違いますので、詳細はそれぞれの自治体に確認しましょう。

●空き家バンクを利用するメリット

1　補助金が利用できる

自治体では、空き家問題の解消や移住者の増加を目的にした、さまざまな支援制度や補助金を設けています。

たとえば、空き家バンクに登録するために必要な家財道具などの搬出処分、清掃、敷地内の除草や樹木の伐採に必要な費用や物件の登記費用、測量費用、仲介手数料などを、物件の所有者に補助している自治体もあります。これらの補助は、着手前に申請が必要な場合が多いので、事前に自治体に確認しましょう。

空き家を購入する側にも、支援制度や補助金を用意している自治体があります。たとえば、空き家バンクに登録されている物件を移住目的で購入してリフォームする際の改修費用や家財道具などの搬出処分費用などを対象にした補助金が設けられています。空き家の所有者、購入者の両方に自治体の補助があるところが、大きなメリットの一つです。

2　建物が古くても売却できる可能性がある

古い建物の場合、通常の売却ではなかなか買い手がつかないこともありますが、「空き家バンク」を利用して物件を探す人の中には、「地方に移住して古民家をリノベーションして暮らしたい」などと考えている人もいます。そうした人の目に触れることで、古い建物を解体する費用をかけることなく、そのまま売却できる可能性もあります。

3　より多くの人に見てもらえる

あなたが持っている空き家のある自治体が、国土交通省が構築・運営の支援をした「全国版空き家・空き地バンク」に参加している場合は、より多くの人に空き家の情報を見てもらえる可能性があります。

全国版空き家・空き地バンクとは、全国の自治体がそれぞれ把握・発信している空き家の情報を集約したサイトで、参加している自治体の空き家情報を1ヵ所でまとめて検索することができます。あなたの所有する空き家が該当する場合、登録した空き家の情報は自治体のサイトだけでなく、全国版空き家・空き地バンクからも見られるようになります。

全国版空き家・空き地バンクは、公募によって選ばれた民間の2社が運営しており、多くの自治体が参加しています。

●空き家バンクを利用する際の注意点

1　物件が登録できない場合がある

次のような場合は、空き家バンクに登録できないことがあります。

◆空き家が存在している自治体が、空き家バンクを運営していない場合

◆不動産会社への依頼について

不動産会社に売買や賃貸借の媒介を依頼する契約を締結している場合、空き家バンクに登録できない自治体があります。逆に、自治体によっては、不動産会社と媒介

契約を結んでいることを、登録の条件としているところもあります。

◆物件の傷みが激しい場合

空き家バンクは古い物件でも登録可能なことが多いのですが、自治体の担当者などによる現地調査によって、現状のままでは安全に生活できない、大規模なリフォームが必要などと判断された場合、物件の登録ができないことがあります。

◆分譲マンションの一室やアパート、店舗、工場などの賃貸や分譲を目的とする建物の場合

多くの自治体では、これらの物件を登録対象外としています。店舗併用住宅は、登録可能としている自治体もあります。

※登録に関する条件は自治体によりますので、必ず確認してください。

2　利用希望者と直接交渉する必要がある場合もある

自治体はあくまで空き家情報の提供を行うのみで、契約や仲介などの業務には一切関与しません。契約に関しては、「(1) 自治体と提携している不動産会社が行う」とする自治体と、「(2) 所有者と利用希望者の間で直接交渉して取り交わす」としてい

る自治体、（1）と（2）のどちらかが選べる自治体の3つがあります。

所有者と利用希望者が直接交渉や契約を行う場合、どちらも不動産の取引に慣れていないことが多く、トラブルが発生するリスクもあります。あなたの物件がある自治体がどのような仕組みになっているか、事前に把握しておきましょう。

3　利用希望者があらわれない場合もある

空き家バンクへの登録は、あくまでも情報発信方法の一つであり、登録することで必ず売却や賃貸が決まるものではありません。

また、入居者があらわれるまでは、空き家の清掃や庭の管理などは、所有者が行う必要があります。自治体が維持・管理を行なうわけではありません。

「マイホーム借上げ制度」を活用

高齢者施設などに住み替える際に、それまで住んでいた自宅を空き家にしないためには、賃貸に出して家賃収入を得るのも一つの方法です。その際に一定の条件を満たしていれば、国土交通省が支援する「一般社団法人 移住・住みかえ支援機構（JTI）」が運営する「マイホーム借上げ制度」が利用できます。

マイホーム借上げ制度とは、JTIが住まいを借り上げ、主に子育て世代に転貸する制度です。

マイホーム借上げ制度のメリット

制度に申し込んで、一人目の入居者が決定して以降は、空き室が発生しても規定の賃料がJTIから支払われるので、安定した賃料収入を得ることができます。入居者とのトラブルも、JTIが対応します。万一に備えて、国の予算で債務保証基金が設定されている点も、安心できます。

利用の条件

利用するには、日本に居住する50歳以上の人（国籍は問わず）であるか、海外に居住する50歳以上の日本人であり、JTIが定める耐震強度を備えた国内にある住宅を所有していることが必要です。50歳未満でも、一定の条件を満たした場合は利用できます。

対象となる建物は、一戸建て、共同建て（タウンハウスなど）、マンションなどと幅広く、現在住んでいる必要はありません。建物が共同所有の場合は、登記簿に記載された共有者全員が制度の利用を承諾し、契約の際には当事者となる必要があります。

申し込み時には、ＪＴＩの借り上げ基準に適合している住宅かどうか、建物診断（耐震診断と劣化診断）が行われます。その診断費用と、診断の結果、補強や改修が必要となった場合の工事費は自分で負担しなければなりません。なお、１９８１年（昭和56年）６月１日以降の建物には、耐震診断は不要です。

詳しくはＪＴＩのサイト（https://www.jti.or.jp/lease/）でご確認ください。

マイホーム借上げ制度を利用する注意点

①賃料のうち受け取れるのは85％

毎月、入居者から支払われる賃料のうちの85％が、ＪＴＩから所有者に支払われます。残りの15％のうち５％は協賛事業者に支払われ、10％は空室時にも家賃を支払うための保証準備積立と、ＪＴＩの運営費にあてられます。このため、通常の不動産会社に依頼して賃貸に出す場合と比べて、家賃として受け取る金額が低くなることがあります。

②賃料が見直されることがある

マイホーム借上げ制度の賃料は、物件のある周辺の賃料相場や建物状況から判断して、ＪＴＩが決定しますが、空室時保証賃料は原則として毎年見直され、当初よりも下がる可能性もあります。

③契約途中で解約する場合

契約期間は「定期借家契約」により、３年以上で所有者自身が設定できます。契約終了後は、マイホームに戻ることが可能です。

建物や土地を相続することもできます。途中解約も可能ですが、申し込み時点で入居者がいる場合は、基本的にはその入居者との転賃借契約の終了と同時に、契約終了となります。なお、入居者へ解約について告知をしてから契約満了までの期間が、法律で定められた告知期間の６ヵ月に満たない場合は、６ヵ月が経過するまで解約はできません。

このように空き家を売却や転貸して有効活用する仕組みを、自治体や公的な機関が運営しています。こうした仕組みも利用して、将来あなたの住まいが空き家にならないように対策を講じていきましょう。

※これらの情報は2023年2月時点のものです。実際に使用される場合は必ず該当機関に確認してください。

column 4

携帯電話の解約に注意

携帯電話の解約は、実はご本人以外がされる場合が多いです。なぜなら、解約の必要が出てくるのは、ご本人が認知症などで使えなくなったり、亡くなったりしたあとだからです。

私のお客さまでご両親の携帯の解約でとても大変な思いをされた方がいました。ご両親はそれぞれ違う携帯会社と契約しており、お母さまの解約は委任状を持参してすんなりできたのですが、お父さまの解約は、４回も携帯ショップに行ったそうです。事前に電話をして必要事項を確認し、所定の委任状をダウンロードして持っていったにもかかわらず、本人が自筆で「解約」と事項欄に書く必要があると言われ、次は保険証、次は免許証のコピー、やっと最後かと思ったら、戸籍謄本と、行く度に必要な書類が追加されたそうです。毎回不備のないように確認したにも関わらず出直しさせられ、明らかに解約させない様子だったので、最後は責任者に直談判したそうです。

今後のために現在の携帯会社に解約方法も確認しておくことをおすすめします。

第7章

【実録】おひとりさまの母親が、施設に入るまでに大変だった10のこと

第7章では、東京の郊外にあるマンションで90歳過ぎまで一人暮らしをしていた母親が、足腰が弱くなり自分で身の回りのことができなくなったため、高齢者施設へと引っ越した、娘の小林晶子さん（仮名）の実体験を取り上げます。

小林さんの住まいは実家から電車で約40分と近く、母親は認知症にはなっておらず、マンションも所有していました。特に片づけが苦手だったわけでもなかったのですが、それでも引っ越し後の片づけには約半年かかり、金融機関やガス、水道などの手続きから、マンションの売却、高齢者施設探しまで、大変なことが山ほどあったと言います。

そんな、おひとりさまだった母親を持つ小林さんの目線から、一人暮らしができなくなった場合にどんなことがネックになるのか、お子さんや親族に迷惑をかけないためにはどんな準備をしておけばいいのかを考えていきましょう。

はじまり～小林さん談

ことの始まりは、母親からの一本の電話でした。電話に出ると、「自宅で転んで、立ち上がれなくなってしまった」とのこと、私はあわてて実家へ行き、母親を病院へ連れて行きました。

幸いにも骨折はしていなかったのですが、それからあっという間に足腰が弱っていきました。家事など身の回りのことができなくなったので、ホームヘルパーのお世話になることにしました。そして、その依存度も徐々に高くなっていきました。

母親はダンスが趣味で、コロナ禍の前は、毎週電車に乗って練習に出かけたり、買い物や家事も一人でこなしたりしていました。

ところが、コロナ禍で外出することも人と会う機会も減り、だんだんと体が弱っていきました。「こうしたことが転倒の原因になったのでは？」と、今になり改めて感じています。

ずっとダンスを続けてきてピンピンしていた母親が、まさか歩くのが困難になるとは思いもしませんでした。母親自身が一番予想していなかったと思います。

転倒してから半年ほどは自宅で生活していましたが、心臓の病気もあったことから、高齢者施設へ住み替えることにしました。

その引っ越し準備や、誰も住まなくなる実家の売却のための片づけを始めると、思いもよらない問題が次々と起こりました。

①トイレットペーパーやティッシュペーパーが山のように

実家の片づけでまず驚いたのは、トイレットペーパーやティッシュペーパー、洗剤、ペットボトルの水、簡易トイレなどが、山ほど買いだめしてあったことです。

母親は、父親が亡くなった7年前から3LDKのマンションに一人で暮らし、使っていないクローゼットや空き部屋に、こうした品を山ほど保管していたのです。

転倒後、しばらくマンションで生活していたとき、私はストックがあるとは知らず、トイレットペーパーやティッシュペーパーを頼まれるがまま買っていました。

あとから「なぜ、あんなにストックがたくさんあるの？」と聞いてさらに驚いたのが、母親は以前買ったものが別の部屋にたくさんあることをすっかり忘れてしまっていたことです。しっかりしているように見えても、実は年齢とともに徐々に記憶力や判断力が落ちているのだと、改めて実感した出来事でした。

MEMO
この小林さんのお母さまのお話は、シニアの方の典型的な例で、私も片づけの現場でトイレットペーパーや洗剤などをたくさん買い置きしている方を目にしてきました。モノがあることで安心したり、小林さんのお母さまのように買っておいたことを忘れてしまったり、どうせ使うからと特に消耗品は買いだめをしがちです。また、一人で暮らす寂しさや不安を紛らわすために、買い物をしてしまう方もいます。ストックがなくなったらその分だけ買い足すことを心がけましょう。

②通販のDM（ダイレクトメール）も山のように

母親が引っ越したあと、郵便物が高齢者住宅に転送されるように、私は「転居・転送サービス」の手続きをしました。そこで驚いたのが、通販会社から販促のDMが、次から次へと届くことでした。母は通販で、私が知らないうちにいろいろ買い物をしていたようでした。そのままにしてもよかったのですが、転送先の施設に迷惑をかけるため、一つひとつ連絡をして送付をやめるよう依頼しました。

③水道が止められない

本当に大変だったのは、水道の解約でした。水道を解約するには「お客様番号」が必要となりますが、母親のマンションにはお客様番号が記載されている検針表や請求書が見当たらなかったのです。

というのも、以前からパソコンを使っていた母親は、検針表や請求書を電子配信に変更する手続きを、サイトの案内に進められるがままにしていました。けれども、母親に確認しても、手続きをした覚えはないとのこと。しかも、転倒して具合が悪くなってから「もう操作できない」と思ったのか、パソコンを処分していたのです。パソコンがあればパスワードなどがわかり、ネットで手続きができたかもしれないのですが、それもできませんでした。

仕方がないので、お客様センターに連絡を入れると、今度はセンターから本人確認のために、登録してある自宅に電話がかかってきました。しかし、母親は引っ越して施設にいるため本人確認ができません。

こんな大変なことになると知っていれば本人が引っ越す前に手続きを済ませたのですが、知らなかったために相当な時間と手間がかかりました。

④どの印鑑がどの金融機関のものかわからない

母親と一緒に片づけをする中で、印鑑が4、5本出てきました。母親が銀行印だと言っていたものは記憶違いで、結局銀行で手続きができなかったことがありました。

どの印鑑がどの金融機関のものか、印鑑自体に書き込んだり、銀行名と口座番号をメモし、その横に印影を押すなど、家族が確認できる対策が必要だと思いました。

⑤金融機関で手続きができない

母親の入居後、金融機関で住所変更の手続きをしようとしました。母親に委任状を書いてもらい、銀行に持参したところ、銀行に登録されている以前のマンションの電話番号に、委任内容確認の電話が入りました。しかし、水道のときと同じで、本人が転居しているため確認ができず、住所変更ができなかった銀行もありました。

委任状によって代理人が手続きできることとは、金融機関によるので、事前に相談し、しっかりと確認しておけばよかったとつくづく後悔しました。

⑥半年かかった家財の整理

覚悟はしていましたが、やはり一番大変だったのが、残された家財の整理です。

母親の父親（私の祖父）から受け継ぎ、大切にしていた古い和食器や古書などは処分するのも忍びないので、知り合いのツテを頼って骨董屋さんや古本屋さんにマンションまで来てもらい、買い取ってもらいました。

祖父から「価値がある」と聞いていた和食器は、今のニーズに合っていなかったり数や箱がそろっていなかったりして、思っていたほど高くは売れませんでした。

そのほかの日用品は、療養施設を運営する知り合いが、ぜひバザーで販売させて欲しいと仕分けを手伝ってくれ、使えるものは引き取ってくれました。

トイレットペーパーやティッシュペーパーなど山のようにあったストック品は、私が自宅に持って帰りましたが、それから半年ほどたった今も、使い切れずに残っています。

⑦やっぱりあったタンス預金

高齢者はいざというときに備えて、いわゆる「タンス預金」をしていると聞いたことはありましたが、私の母親も少額ですが、やはりしていました。母親はタンスにお金をしまっていることをちゃんと覚えていたので、すぐに見つけることができました。
もし母親が認知症などになっていたら、見つけられなかっただろうと思います。

MEMO

タンス預金について注意が必要なのは、片づけを業者に依頼する場合です。タンス預金が見つかっても依頼者に報告せず、お金が入った封筒をほかの処分するものと一緒に黙って持っていってしまう悪徳業者がいるようです。

小林さんの場合は、知り合いのツテで骨董屋さんに依頼し、価値のあるものを買い取ってもらえましたが、こうした買取業者も、「値段が付けられるものはないですね。まとめて〇円で引き取りますよ」などと言って、安く買い取ることがあると聞きます。価値あるものは、古物商許可証を持っている信頼できる業者に依頼することをおすすめします。

⑧引っ越しハガキが送れない

パソコンのほかに、母親が処分していて困ったのが「住所録」です。個人情報が記載されているものは残しておいてはいけないと思ったらしく、すべて処分していました。高齢者施設に入居後、引っ越したことを友人や知人に知らせたいと母親から相談されたのですが、肝心の住所録がないためほとんどの方に知らせることができませんでした。

⑨高齢者施設にモノはほとんど持っていけない

母親は判断力や理解力があり、しっかりしていたので、どんな施設がいいか本人の意向を聞きながら、看護師が常駐し、リハビリも受けられる民間の高齢者施設を選ぶことができました。

しかし、もし認知症などにかかったら、本人の意思を汲み取ることはできなかったでしょう。このことから、将来自分自身が高齢者施設に入る場合に備えて、どんなサービスや条件を備えているのか、どんな特徴があるのか、自分が納得できる施設を早めに検討して家族に伝えておくことが大切だと感じています。

また、高齢者施設に引っ越して実感するのは、施設にモノはほとんど持っていけないことです。そこで実家の家財を処分する中で、「どうしても残したいモノ」を母親に確認し、それらは、私や弟、子どもたちの自宅に保管するようにしました。

⑩マンションは委任状を用意して売却

マンションの売却に必要な書類は、整理されていませんでしたが、山積みになってまとまっていたので、比較的スムーズに見つけることができました。

売却は、不動産会社の人に相談し、私が代理人になって進めました。代理人になるには、母親に委任状を書いてもらう必要があります。そこで、行政書士が母親のもとを訪ねて、「売却の意思があるか」確認が行われました。これは、子どもといえども親の不動産を勝手に売ることはできないからです。

マンション売却についても、母親が認知症などになっていないことが幸いし、スムーズに進められました。もし、認知症などになっていたら、成年後見人を立てなければ売却できなかったでしょう。

マンションを売った費用を高齢者施設の入居費などにあてたので、マンションが売れなければ、高齢者施設にもすぐに入れなかったかもしれません。金融機関の手続きから家財の片づけ、介護が必要になったときの住まいの準備まで、元気なうち、判断できるうち、覚えているうちに、対策しておくことが重要だと身をもって実感しました。

日常の家事と生きがいのダンスが若々しくいられる秘訣《ひけつ》

最後に、今回の高齢者施設への住み替えを通じて感じたことを小林さんにうかがうと、「認知症を予防することの重要さを痛感した」とこたえてくれました。

「母親が認知症にならずに過ごせているのは、90歳過ぎまで何でも自分でしてきたことが大きいと思います。たとえば、毎日献立を考え、買い物に出かけ、手順を考えながら手を動かして料理をつくる……。こうした日常の家事が、心身ともに健康を保つ秘訣だったと感じています」

もう一つ、ダンスという生きがいとも言える趣味があったことも大きいでしょう。

「母は、実は宝塚歌劇団を目指していたのですが、当時は戦時中で諦《あきら》めざるを得なかった話していました。それから、別の仕事に就いて定年まで働き、退職後、ずっとやりたかったダンスを始めて90歳過ぎまで続けてきたのです。そんなダンスが、母が若々しくいられた原動力になっていたのだと思います」

現在、お母さまはリハビリによって歩行器を使って歩けるようになり、高齢者施設で元気に過ごしています。

長く健康でいるためには、なるべく家事を自分で行うこと

小林さんのお母さまは、90歳過ぎまで一人で生活していたとのことですが、できる限り長く自宅に住み続けるには、介護予防を心がけることが欠かせません。

鍵となるのは、適度な運動としっかり栄養をとることです。運動といっても、ランニングや筋トレなどの激しいものではありません。

重要なのは小林さんのお母さまのように、料理や洗濯、買い物、金銭管理、公共交通機関での移動など、日常生活に欠かせないことなどを、可能な限り自分で行うことです。

自分で行うのが困難になったときは、介護サービスや民間のサービスを利用するのも一つの手ですが自分で行うことは健康寿命を延ばし、介護予防にもつながります。

「ＩＡＤＬ」という言葉をご存知でしょうか？　これは介護用語で、「Instrumental Activities of Daily Living」の略で、日本語では「手段的日常生活動作」と言われています。

手段的日常生活動作とは、まさに今あげた、料理や洗濯、買い物、金銭管理、公共交通機関での移動など、頭も使い、判断力や理解力が求められる動作のことです。ＩＡＤＬを維持していくこと、つまり自分で料理や買い物などができることは生活の質を保ち、自分らしい豊かな生活を送るためには欠かせません。ＩＡＤＬが低下すると、自宅にこもりがちになり、身体機能の低下や認知症にもつながると考えられています。

ＩＡＤＬと似た言葉に、「ＡＤＬ」があります。こちらも介護用語で、「Activities of Daily Living」の略で、食事や排泄、入浴、着替えなどの最低限必要な「日常生活動作」を指します。

このＡＤＬが低下すると、介護が必要になるのはイメージしやすいでしょう。けれども、実は、これらの基本的な動作ができなくなる前に、判断力が必要なＩＡＤＬの低下が始まると言われています。IADLを低下させないように、できるだけ自分で家事などを行うことが重要です。

おひとりさまが賃貸物件を借りやすくするための新たな試み

最後に、小林さんのお母さまはマンションを所有していましたが、たとえばあなたが賃貸物件に暮らしている場合は、どんな問題点があるかを話したいと思います。

近年、単身で暮らす高齢者が増加している中で問題となっているのが、高齢の入居者が賃貸物件で亡くなった場合、オーナーが残された家財（残置物）を勝手に処分したり、賃貸契約を解除したりできないことです。

なぜなら、残置物の所有権は、相続人に属するからです。処分できないと、次の入居者を募集することもできません。こうしたリスクを恐れて、単身の高齢者の入居自体を避けるオーナーが少なからずいます。

そこで、国土交通省と法務省は、オーナーのこうした不安を払拭《ふっしょく》し、単身の高齢者が物件を借りやすくすることを目的として、「残置物の処理等に関するモデル契約条項」を、2021年6月に公開しています。

具体的に想定されるのは、60歳以上の単身の高齢者との契約や契約更新のタイミングで、入居者が受任者を指定して、「賃貸契約の解除」と「残った家財の処理」について、「死後事務委任契約」を結んでおくというものです。

受任者として望ましいのは、入居者の推定相続人ですが、難しい場合は、居住支援法人や管理会社などの第三者を受任者に認定します。

入居者が亡くなった場合には、受任者は相続人の意向を確認した上で、賃貸契約の解除ができます。また、残置物の処理も入居者の生前の意向に従って行います。

この「残置物の処理等に関するモデル契約条項」は、法令で義務づけられているものではありませんが、普及が進むことで、単身の高齢者が安定的に物件を借りられることが期待されています。

column 5

自分が死んだらペットはどうなる？

一人暮らしのシニア世代が年々増加する中で、犬や猫などのペットを家族の一員として飼う人が増えています。

内閣府の「世論調査報告書」（平成22年9月）によると、50代でペットを飼っている人は44・5％、60代では36・4％、70歳以上では24・1％にも及んでいます。こうした中で多くの人が心配しているのが、「高齢により世話ができなくなった場合、どうすればいいのか？」「高齢者施設に入居する際や、自分が先に死んだ場合、ペットはどうなるのか？」ということです。ここでは、そんな不安を解消するための3つの方法を紹介します。

①ペット信託

「ペット信託」とは、信頼できる人や団体に財産の一部を託し、その財産や利益を自分が決めた人のために管理・運用してもらう「信託」の仕組みを、ペットに活用したものです。

あらかじめ、信頼できる受託者に飼育に必要な財産を託し、飼育してくれる人や団体も選任して信託契約を結んでおくことで、あなたが亡くなったり、施設に入居したりしたあとも、飼育者にペットを引き渡し、受託者から飼育費用を受け取りながら、ペットを飼育してもらうことができます。

亡くなったあと、相続が行われる際にも、信託財産は相続財産には含まれないため、ペットのために確実に財産を残すことができます。

デメリットは、ペットのために財産を管理運用してくれる受託者と、飼育をしてくれる人や団体が、見つかりづらい点です。ある程度時間をかけて、信頼できる人や団体を探す必要があるでしょう。

②ペットと一緒に入居できる高齢者住宅

数は少ないですが、高齢者住宅の中には、ペットと一緒に入居できる施設があります。こうした施設では、ほかの入居者もペットと暮らしていることが多く、ペットを通じたコミュニケーションも期待できるでしょう。

ただし、ペットを飼っていない入居者にも配慮して、ペットの数やペットを連れて入れるスペースなどに制限が設けられていることがあります。このほか、ドッグランなどペットのための設備が用意されているか、体調などにより自分で世話ができない場合や、ペットよりも先に亡くなった場合には、どのような対応となるのかなど、施設を探す際にしっかりと確認しましょう。

③訪問介護の前後など、ペットの世話が可能に

ペットの世話を自分でできなくなる不安を解消する方法として、２０１８年９月に厚生労働省は、訪問介護の前後や合間に組み合わせて利用できる、介護保険外サービスについて指針を示しました。その中には、「ペットの世話」や「草むしり」、「家族の部屋の掃除や買い物」などが含まれています。

ただし、これらの利用料は全額自己負担となることを覚えておきましょう。保険外とはいえ、ホームヘルパーに「ペットの世話」が依頼できることで、ペットと暮らせる可能性が広がるでしょう。

column 6

「身元保証人」を頼める人がいない場合は？

賃貸住宅や介護施設の入居、病院に入院することになったときの「身元保証人」や「連帯保証人」がいない場合、誰に頼めばいいのかという問題があります。

厚生労働省から「身寄りがない人の入院及び医療に係る意思決定が困難な人の支援に関するガイドライン」（平成30年度）が策定されています。

医療機関が求める身元保証人や身元引受人などの機能や役割は、次の項目です。

①緊急の連絡に関すること
②入院計画書に関すること
③入院中に必要な物品の準備に関すること
④入院費等に関すること
⑤退院支援に関すること
⑥（死亡時の）遺体・遺品の引き取り・葬儀などに関すること

本人の意思を確認・尊重しながら支援を行っていくことが原則とされています。

●連帯保証人についての対応策

入院費用などの支払いを担保するのが連帯保証人ですが、連帯保証人を頼める人がいない場合は、医療機関に、「分割払いにする」「入院保証金を預託する」など相談しましょう。また、連帯保証人の代わりになる公的サービスがないか、まずは確認してみましょう。

●身元保証人についての対応策

厚生労働省医政局医事課長通知「身元保証人等がいないことのみを理由に医療機関において入院を拒否することについて」（平成30年4月27日付）によって、次の内容が各都道府県衛生主管部（局）長宛てに通知されています。

医師法第19条第1項において、「診療に従事する医師は、診察治療の求めがあった場合には、正当な事由がなければ、これを拒んではならない。」と定めている。ここにいう「正当な事由」とは、医師の不在又は病気等により事実上診療が不可能な場合に限られるのであって、入院による加療が必要であるにもかかわらず、入院に際し、身元保証人等がいないことのみを理由に、医師が患者の入院を拒否することは、医師法第19条第1項に抵触する。

このように、身元保証人などがいないことのみを理由に入院を拒否してはならないと通知されていますので、もし拒否された場合は、自治体の担当部署に相談してみるのも一つの方法でしょう。

もう一つの対応策として考えられるのは、民間の身元保証サービスの利用です。近年は、入院の際の身元保証だけでなく、亡くなったあとの引き取りや遺品整理などの死後事務を依頼できる業者も増えてきています。ただし、依頼できるサービスの内容や費用は業者によってまちまちで、高額になることもありますので、しっかり比較・検討した上で依頼する業者を選びましょう。

おわりに

本書を最後まで読んでいただきありがとうございます。

おひとりさまになったときに直面するさまざまな場面での必要な情報をまとめました。すべての項目に今すぐ取りかかる必要はなく、何かあった際に「あの本に書いてあったな」と思い出すきっかけになればと思います。

私たち「一般社団法人日本ホームステージング協会」で扱っている業務は、空き家対策や、シニア世代が安心して暮らすための「シニアホームステージング」です。これは住まいを見直し、片づけて整えることで、健康寿命を延ばすことを目的とするものです。

本書はその業務過程で、お客さまが困っていることを目の当たりにし、知らなかったことで手遅れになったり、不安に思っているけれども何から取りかかればいいかわからなかったりする項目をまとめたものです。

そのため、すべての分野のエキスパートというわけではなく、内容によってはさらに調べていただく必要や専門家にあたっていただく項目があります。

また、葬儀やお墓のことには触れることができませんでした。

相続人がいないおひとりさまの遺産は国の財産になると本書で触れましたが、あなたが望むように遺産を承継して欲しいなら、有効な遺言書を書かなくてはいけません。また、あなたが望むような葬儀やお墓のことも事前に準備しなくてはいけません。これらについてはよく確認し、信頼できる司法書士、弁護士などの専門家にご相談されることをおすすめします。

高齢になり体力や気力の衰えを自覚すると、できなくなること、不便なこと、面倒なことなどが増えていくばかりで、これから先の人生がすべてマイナスと感じてしまうかもしれません。

本書は、どうすればマイナス要因を取り除き、自分らしい豊かなおひとりさまの暮らしができるか、あなたの悩みに合わせた解決策を選択できるように書いています。

これから先にしたい暮らしを実現するには、事前に準備することです。

「なんとかなるだろう」「見ないようにしよう」「そのとき考えよう」など、漠然とした不安は、最終的に現実となってやってきます。あっという間に10年、20年は過ぎ、それだけ年齢を重ねていきます。今のままというわけにはいきません。

今、ここから準備を始めていきましょう。

その準備は、あなたの人生にすべてプラスになることです。本書を手元に置き、手引書として活用いただければ嬉しい限りです。

最後に、出版にあたり司法書士・行政書士粟辻事務所　粟辻　誠先生、講談社エディトリアルの山口聡子様には、大変ご尽力いただきありがとうございました。また、執筆協力いただきました弊協会田中逸平さん、この場を借りてお礼を申し上げます。

最後に、皆さまの新しい人生のステージが最高に素晴らしいものになることを心から願っています。

一般社団法人日本ホームステージング協会　代表理事　杉之原冨士子

デザイン　三橋理恵子（Quomodo DESIGN）
校正　小森里美
協力　杉山正博

※本書では専門的な内容も紹介しています。必ず該当機関に確認の上、進めてください。条件などさまざまな詳細は該当機関によって違う場合があります。また、法律の知識が必要な制度もあるため、必要な場合は専門家に相談してください。掲載内容についての質問は編集部では対応できません。該当の機関に直接確認してください。

おひとりさま最後《さいご》の片《かた》づけ

やるべきこと・やらなくてもいいこと

2023年3月28日　第1刷発行

著　者　杉之原冨士子《すぎのはらふじこ》
発行者　鈴木章一
発行所　株式会社　講談社
〒112-8001　東京都文京区音羽2-12-21
販売　TEL03-5395-3606
業務　TEL03-5395-3615
編　集　株式会社　講談社エディトリアル
代　表　堺　公江
〒112-0013　東京都文京区音羽1-17-18　護国寺SIAビル6F
編集部　TEL03-5319-2171
印刷所　半七写真印刷工業株式会社
製本所　株式会社国宝社

ISBN978-4-06-531126-4